国际贸易与投资前沿问题研究

连增　著

图书在版编目（CIP）数据

国际贸易与投资前沿问题研究 / 连增著. —北京：企业管理出版社，2021.8
ISBN 978-7-5164-2456-8

Ⅰ. ①国… Ⅱ. ①连… Ⅲ. ①国际贸易－对外投资－研究－中国 Ⅳ. ① F74

中国版本图书馆 CIP 数据核字（2021）第 157563 号

书　　名：国际贸易与投资前沿问题研究
作　　者：连　增
责任编辑：郑　亮　　黄　爽
书　　号：ISBN 978-7-5164-2456-8
出版发行：企业管理出版社
地　　址：北京市海淀区紫竹院南路 17 号　　　　邮编：100048
网　　址：http://www.emph.cn
电　　话：编辑部（010）68701638　发行部（010）68701816
电子信箱：emph001@163.com
印　　刷：北京虎彩文化传播有限公司
经　　销：新华书店
规　　格：710 毫米 ×1000 毫米　16 开本　13 印张　200 千字
版　　次：2021 年 8 月第 1 版　　2021 年 8 月第 1 次印刷
定　　价：68.00 元

序

国际贸易不仅仅是国与国之间开展商品、技术与服务交流的经济活动，也是经济竞争的体现。作为综合国力强弱的表现形式之一，对外贸易也是国家拓展生存与发展空间的重要手段，对一国国际与地域政治地位有着重要影响。

自 2001 年入世以来，我国的对外贸易加速发展，对外投资规模也在不断攀升。2018 年，我国货物贸易进出口总额为 30.5 万亿元人民币，比上年增长 9.7%。其中，出口 16.4 万亿元，进口 14.1 万亿元，全年进出口总额、出口总额、进口总额均创历史新高。而在对外投资方面，2018 年全年，我国全行业对外直接投资 1,298.3 亿美元，同比增长 4.2%；其中，中国企业在“一带一路”共建国家实现非金融类直接投资 156.4 亿美元，同比增长 8.9%，高于非金融类整体增速 8.6 个百分点。2019 年，仅在 1 ～ 4 月，我国境内投资者便已对全球 148 个国家和地区的 2608 家境外企业进行了累计 2334.1 亿元人民币（折合 346.4 亿美元）的非金融类对外直接投资，同比增长 3.3%。截至目前，中国已成为全球世界第一贸易大国、第二大外资流入国和第三大对外投资国。

然而，在我国对外贸易投资不断发展的同时，全球经济下行的风险却进一步加剧，贸易保护主义再次抬头，多个国家和地区都已经或计划收紧外商投资政策；除此之外，国际地缘政治局势的变幻也使得国际间投资壁垒日益增厚，美国更是以知识产权为名对中国发起 301 调查，针对钢铁、铝、汽车等重要产业制造贸易摩擦，甚至打着“国家安全”的旗号阻挠中国企业在美的正常投资。这些都严重阻碍了我国对外经济贸易的发展。在这样的背景下，对影响新时代国际贸易与投资因素的探讨与解析就成为我国对外贸易投资研究的当务之急，这也正是本书所研究的主题。

本书第一部分从中国与传统大国及新兴市场的经济关系出发，探究中国同美国、欧盟、东盟以及金砖国家贸易关系的重新定位。《中美关系新挑战——特朗普政府在投资领域审查新趋势》研究了特朗普执政后美国关于投资领域国家安全审查制度的变化趋势，发现美国国家安全审查趋于严格，总统利用否决权将更加频繁，且国家安全壁垒概念将超出东道国范畴；《中欧关系复杂多变——以中国市场经济地位为例》整理了欧盟在中国“入世十五条问题”及市场经济地位问题上态度的演变过程，并从经济、政治、法律三个角度分析影响欧盟态度变化的因素；《崛起的金砖国家——服务贸易竞争力及其影响因素》基于 MS、TC 与 RCA 指数对金砖五国的金融服务贸易国际竞争力进行了分析比较，并在波特“钻石模型”理论基础上对影响这些国家竞争力的因素进行了实证研究，发现需求要素与金融服务贸易国际竞争力有较明显的正相关关系，而高级要素条件则有负相关关系；《中国与东盟——汇率波动对直接投资的干扰》运用固定效应模型和差分 GMM 动态面板模型，分析了东盟国家 2005—2014 年相关数据，探究人民币汇率对于我国对东盟直接投资的影响。

随着经济增长同自然环境之间的角力持续升温，“人类命运共同体”意识逐渐成为各国共识。顺应着这一时代命题带来的机遇与挑战，本书第二部分着眼于我国“一带一路”倡议对国际贸易和投资产生的贡献。《丝绸之路陆港建设对国内节点城市经济增长的影响》运用面板向量自回归模型和面板数据线性回归模型，通过理论与实证相结合的方式探究了丝绸之路经济带节点城市的陆港建设对经济增长的动态影响，发现利用各陆港城市的自身资源与区位优势可正向促进经济发展。《“走出去”——“一带一路”对我国在沿线国家并购活动的影响》则对我国在“一带一路”国家的跨国并购从五个方面进行定性分析，并利用 PSM 匹配及双重差分模型，对“一带一路”倡议是否影响了我国在该地区跨国并购这一问题进行了实证分析。

本书第三部分从新兴文化产业以及金融创新出发，探寻人类经济活动另外的可能性。《国家文化距离对文化产品出口影响》将文化距离这一变量引入贸易引力模型中，通过统计性描述得出国家文化距离对于中国创意商品出口具有负向影响的结论。《跨国并购对中国上市公司创新绩效的影响》采用倾向匹配得分法（PSM）

和双重差分法（DID）对中国上市A股公司跨国并购事件进行实证研究，通过建立回归模型，发现跨国并购对企业创新绩效具有正向作用。

综上所述，本书所收编的八篇论文均着眼于当今投资贸易热点问题，基于翔实的数据支撑和遵循缜密的逻辑推理得出结论，并针对我国政府的政策与企业行为提出建议。作者相信，本书的出版将推动学术界在中国对外贸易投资方面的进一步发展，也希望本书能为政府与企业应对新时代贸易投资问题提供借鉴。同时，作者在此衷心感谢中央高校基本科研业务费专项资金（2016QD012）、国家社科基金（#18BJL109）和北京外国语大学双一流建设项目（2019SYL301）对本书的资助。

连 增

2021年

目 录

第一部分 中国与传统大国及新兴市场的经济关系面临重新定位

第二部分 “人类命运共同体”带来的新发展机遇

第三部分 “文化”“创新”对人类经济活动的影响走向显性

第一部分

中国与传统大国及新兴市场的经济关系面临重新定位

中美关系新挑战——特朗普政府在投资领域审查新趋势[①]

近年来，我国企业“走出去”规模不断扩大。“十二五”期间，中国对外直接投资规模是“十一五”期间的2.3倍。另据中国商务部《2015年中国对外直接投资统计公报》统计，2015年中国企业共实施跨国并购579起，涉及62个国家（地区），并购领域涉及制造业、信息传输/软件和信息技术服务业、采矿业、文化/体育和娱乐业等18个行业大类。然而，需要引起注意的是，随着中国企业“走出去”规模的扩张，海外市场对于中资的抵触情绪也不断增强，中国企业在海外频繁遭遇来自东道国的投资壁垒。

常见的投资壁垒包括反垄断审查、主权财富基金壁垒、社会责任壁垒、国家安全审查制度等。其中，国家安全审查制度已经逐步演化成为近些年一种新型的、重要的国际投资壁垒形式，越来越严格的国家安全审查制度致使我国多起跨国并购案以失败告终，国有企业及处于敏感行业的民营企业更是成为国家安全审查制度下的“受害者”。目前来看，我国企业海外并购遭遇投资壁垒的区域性非常明显，主要集中于欧美等发达国家，尤其以美国最为严重（王启洋、任荣明，2013）。因此，研究美国国家安全审查制度能够更好地防范风险，对我国企业海外并购具有非常重要的现实指导意义。

① 本篇内容发表于《国际论坛》杂志2019年第二期。其他合作者：王颖，女，硕士，就读于北京外国语大学国际商学院；孙文莉，女，博士，现为北京外国语大学国际商学院教授、副院长。

一、国家安全审查制度基本内涵

当前，相关法律尚未对外商投资的“国家安全审查”做出严格界定。一般而言，针对外商投资的国家安全审查指的是以涉及“国家安全”为由，由特定机构对审查范围内的特定外商投资行为开展全方位审核，评估该投资行为对东道国国家安全造成的潜在风险及影响，进而做出决策并进行风险管控的专门制度。

20世纪70年代，美国国会通过《1974年外国投资研究法案》，正式创设了这一制度。1975年，福特总统据此法案建立了美国外资投资委员会（以下简称CFIUS），也就是目前负责美国外商投资安全审查的联邦机构。后经1988年的《埃克森—弗罗里奥修正案》及其多次修订加强了CFIUS的权力。根据该修正案，总统可以“宽泛界定的国家安全”为由阻止外资并购。2007年，美国再次针对外商投资并购的国家安全审查法案做出重大修订，形成新的《外国投资与国家安全法》（简称FINSA）。这一法案对外商投资的审查与限制进一步加强，同时赋予国会更大监督CFIUS的权力。2008年，美国又进一步制定《外国人合并、收购和接管企业条例（最终稿）》。至此，形成了一套完整的外资国家安全审查体系架构。在这一架构下，美国外资投资委员会负责推动审查和调查程序，国会负责监督，总统对并购交易结果拥有否决权。

CFIUS的审查程序主要包括以下阶段：①交易各方提交自愿通知；②工作人员确定通知是否齐全并符合条例规定的要求；③CFIUS工作人员开始审查期（从下一个工作日开始，最多30天）；④某些情况下，CFIUS可能会进行后续调查（须在45天内完成）或将交易交由总统做出决定（第721条要求总统在CFIUS完成调查后15天内就交易做出决定）。

在审查期间，CFIUS成员可能要求交易双方提供更多信息。缔约双方必须在要求之后的三个工作日内或在较长时间内对双方提出此类跟进请求做出相应回应。如果CFIUS发现涉及的交易存在国家安全隐患，而且其他法律规定不能提供足够的权力来应对风险，则CFIUS可能会就各方减免此类风险达成协议或强制执行条件，向总统提出诉讼。

外商投资的国家安全审查制度本质上是一种市场准入制度。美国明确提出了11项在进行安全审查时需要考虑的因素，财政部也颁布了相关的具体指南为投资者提供清晰的判断依据，审查流程和标准均比较清晰。不过，《外国投资与国家安全法》对于“国家安全”“经济安全”“关键技术”等基础性的核心概念并没有明确界定。这意味着CFIUS被赋予了充分的自由裁量权：在实际操作中，任何可能会对国家安全产生消极、负面影响的行业、设施、技术都有可能受到审查。因此，在实际操作中，CFIUS具有很大的操作灵活性，缺乏审查透明度，并购交易一经否决，不受法院管辖，不能提起司法救济，对于中国企业海外并购具有巨大的威慑力。

二、美国国家安全审查制度的新特点

近年来，随着中国企业“走出去”的步伐加快，美国对于中资的抵触情绪不断加强，越来越严格的国家安全审查致使一些跨国并购中途夭折，尤其是国有企业和处于敏感行业的民营企业。美国CFIUS成为中企跨国并购的“痛点”，“国家安全审查”俨然已经演化为一种新型国际投资壁垒。

2017年9月CFIUS公布的报告显示，2013—2015年期间，CFIUS共发起外资并购审查387起。其中，2014年审查案数首次超过140起。在CFIUS审查的各国并购案中，中国企业受审查数量连续三年高居榜首（Annual Report to Congress for CY 2015，2018）。2015年，中国总计遭到29起审查，加拿大遭遇的案件审查总计为29起，英国为19起，英国、加拿大对美直接投资总额占总体对美外资直接投资（FDI）的比分别为12%和7%，同期中国对美FDI占总FDI的比重仅为1.4%，遭遇的案件调查数目却位居第一（Bureau of Economic Analysis，2018），侧面印证了中国在美投资遭遇了重重阻力。

纵观近年美国国家安全审查制度的发展趋势，发现有以下三个新特点：首先，“敏感资产”内涵显著扩大，国家安全审查趋于严格；其次，美国总统利用否决权将会更加频繁；最后，美国外国投资委员会（CFIUS）管辖范围由国内扩展至国外，国家安全壁垒概念超出东道国范畴。

（一）“敏感资产”内涵扩大，国家安全审查趋于严格

美国国家安全审查官方文件中并没有对“国家安全”“经济安全”“关键技术”等核心概念做出清晰的界定。据《纽约时报》称，2018 年 6 月 26 日美国总统特朗普在会见国会议员时也表示，他将放弃对中国投资美国技术领域施加新限制的计划，而是利用已有的美国联邦政府机构外国投资委员会来加强把关。因此，只要触及以上领域就有可能被审查。过去，CFIUS 重点审查领域为国防安全。目前，美国已经由单一的国防安全观转变为国防安全与经济安全并重。“国家安全”的考虑因素有不断扩大的趋势。从近年来跨国并购的案例来看，美国正在收紧对中国投资其“敏感资产”的审查尺度，尤其是高技术领域，如信息技术、人工智能、半导体制造业、芯片和先进材料等。

2010 年 9 月，华为技术有限公司（以下简称华为）就 200 万美元收购美国三叶系统公司（3leaf systems）的部分资产向美国商务部递交申请，并获得批准。但是，美国 CFIUS 于 2011 年 2 月 15 日以华为可能威胁美国国家通信安全为由，要求华为取消其在上年 5 月份收购的位于旧金山湾区的创业科技公司三叶系统的决定，就此华为在美并购以失败告终。实际上，华为公司收购美国企业受阻并接受安全调查已经不是第一次。早在 2008 年 3 月，美国 CFIUS 就以涉及美国国家安全为由驳回了华为收购 3Com 公司的要求。

一般来说，CFIUS 只对涉及军事安全的事务进行审查。然而，近些年来，除军事事务外，CFIUS 还对能源类和高技术类收购兼并进行审查，国家安全审查力度明显加大，趋于严格。华为收购受阻并非个案，CFIUS 已成为继“337 条款”[①]之后美国对国外企业并购行为新的干涉手段，且应用范围逐渐扩大，力度逐渐加强（谢法浩，2017）。

无独有偶。2015 年 10 月，中资财团金沙江创业投资与橡树投资联合发起的独立基金（Go Scale Capita）收购飞利浦旗下的亮锐商贸（Lumileds）多数股权，遭美国 CFIUS 以国家安全为由否决。尽管亮锐商贸的半导体技术仅用于照

① 337 调查，是指美国国际贸易委员会（United States International Trade Commission，简称 USITC）根据美国《1930 年关税法》（Tariff Act of 1930）第 337 节（简称“337 条款”）及相关修正案进行的调查，禁止的是一切不公平竞争行为或向美国出口产品中的任何不公平贸易行为。

明领域，与国家安全并无密切相关，但美国 CFIUS 仍认为其与军工领域应用相关。

2017 年 10 月 3 日，在艾可飞（Equifax）遭网络攻击事件和蚂蚁金服对速汇金待批的收购交易之后，美国参议院少数党领袖查克·舒默（Chuck Schumer，2017）计划敦促特朗普政府严查海外并购，对任何外国收购掌握美国公民个人信息的企业，都应严格审查其对国家安全构成的风险，甚至予以必要的阻止。

2018 年 4 月 19 日，美国国会美中经济与安全审查委员会发布报告称，中国政府“可能支持某些企业进行商业间谍活动”，以提高中企竞争力并促进政府利益。报告中，中兴、华为、联想三家中国企业被点名。

从上述案例可以看出，“敏感资产”的内涵不断扩大，国家安全审查标准更加严格甚至苛刻。首先，如果收购对象处于敏感的产业领域，如上述三叶系统公司（3leaf systems）处于通信行业，亮锐商贸（Lumileds）则处于半导体行业，CFIUS 对于此行业领域的并购交易审查则会更为严格。另外，由于官方文件中并没有对“国家安全”“敏感资产”等核心概念做出清晰的界定，而只有一个模糊的范围，因此，CFIUS 对于“敏感资产”的界定则更为灵活。同时，涉及美国国家安全的“敏感资产”范围不断扩大，包括但不限于基础设施、信息安全、国防、通信、航空、交通运输、军用、能源、人工智能、半导体和大数据分析等。随着科技和时代的发展，“敏感资产”的内涵也随之不断膨胀。

（二）美国总统利用否决权将更加频繁

1988 年，自《埃克森—弗罗里奥修正案》经美国国会通过后，总统被授予了否决并购交易的权力。美国国际贸易专家詹姆斯·杰克逊（James K. Jackson，2018）的报告显示，从修正案通过以来，美国总统亲自下令阻止外国企业对美投资共有 5 起，其中有 4 起的审查对象为中国企业。虽然另外一起案件针对的是新加坡博通公司对高通的收购事件，但其根本原因在于担心该收购使得高通丧失在 5G 无线技术上的领导地位，从而使得华为在该技术上形成绝对优势。此外，2008 年至今，动用美国总统否决权的国家安全审查案例一共只有 3 起。其中 2 起分别发生于2016和2017年。由此可见，未来美国行使总统否决权的机会将趋于频繁。

2016年7月，中国福建宏芯投资集团向德国爱思强（Aixtron）发出6.76亿欧元（合人民币49亿元）的收购要约。9月8日，德国联邦经济部已批准该收购案。该收购要约已于2016年10月21日结束，宏芯投资基金已支付爱思强约65%资金。10月24日，德国经济部撤回针对该收购案的批准令，称需要重新审查。该收购案被反转的主要原因是美国CFIUS介入，称宏芯投资基金收购爱思强一案可能涉及美国国家安全问题。因此，CFIUS建议各当事方撤回收购要约并放弃整个交易。美国总统奥巴马基于美国CFIUS的评估，发布总统令要求禁止中国福建宏芯收购爱思强及其美国分支机构，称这一交易可能威胁美国国家安全。

2017年9月13日，美国总统特朗普再次以妨害国家安全为由，叫停中国私募基金凯桥资本（Canyon Bridge）对美国芯片制造商莱迪思（Lattice Semiconductors）的收购计划。莱迪思（Lattice）半导体公司是一家位于俄勒冈的美国上市公司，主要制造可编程逻辑芯片，该芯片可根据特定用途（例如机动车，计算机和移动电话）而使用。在该项收购案中，中国投资者没有进行直接投资，而是在美国建立注册一个新的基金管理公司，即上述所提到的凯桥资本，中国投资者仅作为其有限合伙人。然而，自2016年4月中方开始提出收购莱迪斯，至9月14日被特朗普正式否决交易为止，这笔交易被前后三次提交CFIUS审核但均未在规定的75天内获得通过。通常情况下，在外资收购美资企业并引起CFIUS异议时，收购方和美方都会选择执行缓和方案，即在一定程度上剥离敏感业务，以期得到CFIUS对交易的批准。但是，此次CFIUS认定，该项交易有中国政府参与，且将知识产权转移给外国收购者。另外，买卖双方所提出的缓和方案仍然影响了完整芯片供应链对于美国政府的重要性及美国政府对于其产品的使用等。

上述两起中国企业跨国并购案例中，美国总统均使用了否决并购交易的权力，态度非常强硬，尤其是在中国福建宏芯收购德国爱思强案中，美国作为第三方，所表现出的强硬态度令人费解。福建宏芯收购的是一家德国半导体设备供应商，美国业务只是爱思强公司业务的一部分，但是美国 CFIUS 的介入仍然能够影响并购活动的成败。而在凯桥资本收购莱迪思半导体公司案中，无论收购方怎样设计交易结构，CFIUS 都会追踪至实际控制人及其关联方。而且，中国政府的投资参与则会引起美国方面的高度警惕。这不仅说明了在高科技领域中美之间的利益冲突日益明显，致使美国对于中企投资并购行为的针对性逐渐增强，也说明了国家安全审查制度已经成为美国扩大其全球影响力、展现其在国际上的领导力与话语权的有力工具。美国总统利用否决权将会更加频繁，美国对待国家安全审查的态度也将更加严格和强硬。

（三）美国 CFIUS 管辖范围逐渐扩大，国家安全壁垒概念超出东道国范畴

随着经济全球化的不断加深，跨国公司已经成为经济全球化的主角，在国际经济中占据着重要地位。考察近年来中企跨国并购遭遇 CFIUS 阻止的案例，最值得注意的是，CFIUS 不仅对美国境内的外国投资并购具有决定性的影响力，甚至对中企在欧洲的并购案例也具有举足轻重的影响力。

值得注意的是，在中资财团收购飞利浦旗下亮锐商贸多数股权案[①]与福建宏芯收购德国爱思强（Aixtron）案中，均是由于美国 CFIUS 的介入而导致这两起收购案结局的反转。其中，美国并不是直接交易方，而是作为第三方介入导致并购案的失败。以上两个案例表明，美国作为第三方，影响力已经由国内扩展至国外，美国 CFIUS 管辖范围逐渐扩大升级。国际投资壁垒已经超出东道国壁垒的范畴，而向着世界其他地域范围扩展，这也是国家安全审查应用方面的一个重要趋势。这意味着，对于在美国乃至欧洲投资并购的中国企业而言，美国 CFIUS 将可能成为一道难以绕开的门槛。

2017 年 11 月 8 日，在美国总统特朗普访华期间，美国国会参众两院的议员分别提交了一项名为《外国投资风险评估现代化法案（2017）》（FIRRMA）的法

---

① 亮锐商贸是传统五大发光二极体（LED）专利厂商之一，在美国有多个制造和研发基地。虽然 LED 属于半导体，但是照明业是相对比较温和的领域，与美国 CFIUS 所说的“国家安全”并无密切关系。应该说，中美产业利益的冲突可能是此项收购案被否决的一部分原因。此外，参与此项收购案的中资财团中有一家国有企业——南昌工业控股集团有限公司，可能是此项收购案被阻止的另一个原因。

案，寻求拓宽 CFIUS 审查范围，这一举动可能会使中国对美 FDI 受到更加严苛的审查。FIRRMA 法案的设立旨在把审查对象从企业并购扩大到合资企业。美国有议员称，一些中国公司通过与美国公司成立合资企业或通过获得相关技术的授权许可来避开 CFIUS 的审查，而 FIRRMA 则需要外资所有权超过一定门槛的合资企业自动接受检查，并对某些可能会让中国超过美国的新兴技术加强审查。可以预见，赴美收购或者与美国公司伙伴进行合资合作可能将面临更多潜在的阻碍和风险。

以上三点是特朗普时期美国国家安全审查发展的新趋势及特点。此外，美国政府对于中国企业跨国并购的审查还有两个核心关注点。一个是关注国有企业的所有权问题。一旦并购交易中涉及国有企业或者具有政府背景的民营企业，一般会引起美国政府的格外警惕，并购交易成功的难度也随之增大。从目前来看，美国正在扩大其对“补贴”范围的界定，并加大了对中国装备制造业的反补贴力度，将“汇率操作”等关键词纳入“补贴”范围。美国对中国钢铁行业重新启动 232 调查[①]则是美国在贸易上对中国发起国家安全审查的第一步，未来美国将会收紧对于投资的国家安全审查；另一个关注点则是核心技术的流失问题，即美国国家安全审查官方文件中所提到的“关键技术”，是目前国家安全审查的一个主要方面。中国经过数十年的发展，制造业发展速度极快，中美之间也在高端制造业方面成为竞争对手。目前，美国政府正在力图将制造业转移回美国境内，这使中美之间的贸易和投资的摩擦加剧，国家安全审查目前仍然实行“一案一议”制，灵活性和操作性都比较强，成为继“特别 301 条款”之后的投资领域的有力工具[②]。

三、美国国家安全审查制度新特点背后的影响因素

国家安全审查本质上是商业利益政治化的外在表现形式。因此，国家安全审

① 美国 232 调查是指美国商务部根据 1962 年《贸易扩展法》第 232 条款授权，对特定产品进口是否威胁美国国家安全进行立案调查，在立案之后 270 天内向总统提交报告，美国总统在 90 天内做出是否对相关产品进口采取最终措施的决定。

② “特别 301 条款”是美国针对知识产权保护和知识产权市场准入等方面的规定。

查制度的发展趋势与中美关系的走向具有不可分割的联系。自特朗普 2016 年当选美国总统后，美国关于投资领域的国家安全审查制度日趋严苛。究其背后的成因，主要有以下三方面：

首先，美国总统特朗普的个人特征和执政理念意味着美国方面将会更加重视有关投资领域的国家安全审查运用。一方面，从个人特征来看，特朗普具有典型的重商主义倾向。总体而言，美国历届政府对国家利益的认知可由四个关键词来概括，一是安全利益，二是经济利益，三是价值观利益，四是秩序利益。特朗普对这四大利益的认知出现了重大调整，不仅仅是有所侧重，而是有所取舍。特朗普执政团队以大商人和具有强势风格的军人为主。因此，特朗普团队更加重视安全利益和经济利益。而特朗普的个人商业背景意味着特朗普更加重视经济的发展，注重以经济的手段来治理经济。另一方面，特朗普是“美国优先”的坚定主张者，认为应该将主要精力放在美国国内，关注本国的经济利益，缺乏全球视野和全球意识，具有明显的自我保护主义倾向，奉行单边主义（宋国友，2017）。因此，美国对中国由贸易保护主义发展至投资保护主义，加大了两国经济上的摩擦。而国家安全审查具有歧视性、随意性、模糊性和不透明性的特征，使其已成为美国限制中国企业跨国并购的重要手段。

其次，从客观来看，国家安全审查制度的升级也是中国和美国之间利益博弈的结果。国际格局变化的基础始终离不开国家实力，而国家的实力对比决定着两国关系的走向。此前，中美关系“中弱美强”格局明显。因此，在中美互动关系中，更多地体现为“美国主动，中国被动”这一特征。然而，经过 40 多年的发展，中国经济成就举世瞩目。中国企业对外投资屡创新高，2015 年中国首次成为世界第二对外投资大国。随着中国对美国投资的不断增长，美国的国家安全担忧和技术外流担忧不断加剧。因此，美国需要一个有效手段来遏制中国企业收购浪潮。另外，从以往的国际分工格局看，美国主要生产高端技术产品，而中国产品定位在中低端。现在中国经济结构面临转型升级，更加注重装备制造领域的发展，而美国将制造业转移至国内，这使得中美产业之间的竞争更加激烈。

最后，从全球范围总体来讲，特朗普政府在全球问题上呈现收缩态势。特朗普上任后，相继退出《跨太平洋伙伴关系协定》（简称 TPP）和《巴黎协定》，重启

《北美自由贸易协定》(简称 NAFTA),均能够体现出特朗普的“美国优先”原则,而不是全球化。

四、中国的应对策略

以国家安全壁垒为例的政策性投资壁垒具有双重标准的针对性和审查程序的隐蔽性,无法对审查程序进行监控,缺少司法透明度,这些特点使得中国企业在应对国家安全审查时的难度日益加大。综合美国国家安全壁垒的发展趋势及特点,提出以下应对建议:

(一)我国应尽快完善与投资并购相关的国家安全审查制度

鉴于美国已经颁布并不断强化其国家安全审查制度,应尽快考虑加速中国的国家安全审查制度建设问题。这样做的好处是未雨绸缪,未来当中美两国发生投资利益冲突时,我方将拥有多种解决手段和讨价还价的谈判筹码。同时,也在一定程度上起到为中国企业“走出去”保驾护航的作用。

目前,外资并购安全审查制度在我国已初步建立起来。2007 年,我国首次以法律形式明确要对外资并购行为进行安全审查,并正式颁布了《中华人民共和国反垄断法》。2011 年 2 月,针对审查内容、审查范围、审查工作机制、审查程序等方面进行较为详细的修订后,国务院办公厅下发《关于建立外国投资者并购境内企业安全审查制度的通知》(国办发［2011］6 号)。同年 8 月,商务部相继发布《商务部实施外国投资者并购境内企业安全审查制度的规定》,进一步明确了外资方申请并购安全审查需要提交的材料等。

不过,与美国的外资并购安全审查制度相比,中国的安全审查制度仍不完善。我国安全审查制度目前的依据仍为行政法规,而非正式法律,这使得我国安全审查制度的法律效力大大减弱。另外,国家安全审查的主体及审查范围均比较笼统,缺乏明确性。同时,审查程序与美国相比,缺乏灵活性。因此,我国应借鉴美国经验,对本国外资并购安全审查制度进行完善,建立法律依据,明确审查主体,细化审查范围,增加审查程序灵活性等。

（二）建立敏感产业清单和敏感主体清单，并进行跟踪评级，为中国企业“走出去”构建预警机制

目前，企业对于国家安全审查这一投资壁垒仍缺乏足够重视。因此，政府应建立敏感产业清单和敏感主体清单，并按照敏感程度进行评级。依据跨国并购主体的企业所有制（国有企业、敏感行业民营企业、与政府联系紧密民营企业、一般背景民营企业等）和并购对象所处行业（军工企业、基础设施建设企业、能源资源类企业等）进行跟踪评估和敏感级别的鉴定，构建预警机制，并适时对投资者进行提醒，使我国投资者得到有效预警，便于企业及时应对国外国家安全审查。

（三）中国政府应积极利用经合组织（OECD）、二十国集团、世界贸易组织（WTO）等国际组织和国际论坛平台，为中国企业“走出去”创建良好的国际法律环境

在经济全球化的大背景之下，国家安全审查方面的争端可以考虑借助 WTO 等国际组织来解决，这样做具有现实可操作性。因为 WTO 包含很多与国家安全相关的内容，如：《与贸易有关的投资措施协定》《服务贸易总协定》和《与贸易有关的知识产权协定》中的安全例外条款等。因此，可将东道国发布的国家安全审查措施细化分解，与 WTO 发布的细则相对照，找出其中的异同点，并尽可能寻求争端在适用 WTO 细则的原则下得以解决。同时，中国政府可积极推进建立国际投资争端解决的多边机制及细则的制定，为建立公开、透明、公平的国际投资法律环境贡献中国智慧。

（四）加快推进与重要投资伙伴国（尤其是美欧国家）的双边投资协定谈判

为促进中国企业海外并购享受投资准入前的国民待遇，需不断推进双边投资协定的签署及市场准入清单的制定。另外，在谈判中还应纳入“国家安全”审查制度，将投资安全审查的聚焦点纳入双边谈判之中，建立新的双边投资准则。另外，与投资伙伴国建立良好的公共关系，营造互信的政治环境。建立与美国政府之间覆盖多个领域的对话机制，通过外交渠道开展对话，摆脱认知问题的干扰，

管控分歧，求同存异，在平等和相互尊重的基础上妥善解决问题。

（五）中国企业自身应主动出击

应仔细考量企业自身优势，谨慎选择收购对象，这一点对于国有性质的企业尤其重要。对外并购前需制定具体的跨国并购规划，做好前期海外市场调查，对海外市场的经济、政治及文化环境等各方面进行风险评估，特别要关注并预估东道国国家安全审查制度风险对企业并购的潜在影响。当投资争议发生时，积极聘请专业律师通过现有法律和政治经济框架维护我国企业的正当投资权益。

中欧关系复杂多变——以中国市场经济地位为例[①]

一、引言

2001年12月11日，中国在正式加入世贸组织时签订了《中国加入世贸组织议定书》，其中第15条（a）款规定，自中国入世起的15年内，世贸组织成员在对中国进行反倾销调查时可以使用“替代国”的做法来计算正常价值。此条款要求2016年12月11日起，任何WTO成员不得在对我国企业发起反倾销调查时使用第三国替代的方法。但欧盟、美国为代表的一些WTO成员执意不遵守此项条款，并将《中国入世议定书》第15条问题与中国市场经济地位问题混淆起来，并明确表示不承认中国市场经济地位，使这一问题复杂化。

中国在2016年12月12日就欧盟及美国对华反倾销中的“替代国”做法提出WTO争端解决机制的磋商请求。2017年11月，美国公开表示拒绝给予中国市场经济地位，欧洲议会通过了反倾销反补贴调查新方法修正规章，中国政府对此提出了强烈不满和坚决反对。可以预见，相关各方将继续在该问题上进行激烈博弈，这一问题很可能需要多年时间才能解决。

迄今为止，国内外学者已就“入世十五条问题”及中国市场经济地位问题做了大量研究。有的学者关注美国对华“市场经济地位”问题，屠新泉（2016）认为，由于受到意识形态、中美权力转移，以及国内贸易保护主义集团的影响，美

① 本篇内容发表于《国际论坛》杂志2018年第三期。其他合作者：何蓉，女，博士，现为北京外国语大学国际商学院副教授，主要从事国际贸易和投资研究；游洋，女，硕士，就读于北京外国语大学国际商学院。

国政府不太可能在短期内承认中国的市场经济地位，而议定书第15条法律措辞的不严谨也使试图延长“替代国”方法的国家有了可乘之机。有的学者则从法律角度深入剖析了第15条，贾文华（2017）梳理了针对《中国入世议定书》第15条的多种解释，并提出了中国应采取反制与开放来做出应对。

还有一些研究关注欧盟对华“市场经济地位”问题，多数学者对欧盟的做法持批评态度。胡建国（2016）认为，影响欧盟在这个问题上态度的因素包括中欧、美欧关系、法律因素、贸易保护主义及全球产能过剩。欧盟可能继续适用替代国方法，或给予中国完全市场经济地位，或采取替代性保护措施。张运婷（2016）认为，欧美在中国入世15年后仍不承认中国市场经济地位，中国应该通过外交努力和国内改革来应对。周华（2017）等通过模拟，探究了欧盟否认中国市场经济地位对中国、欧盟及世界经济的影响，认为欧盟否认中国市场经济地位不仅不会缓解欧盟就业压力，还会导致资源配置效率下降，中国对欧盟出口可能下降，中国向其他地区的出口均会有所上升。

国外的学者或机构则是从欧美的立场出发，重点关注对《中国入世议定书》第15条的解读、欧盟及世贸组织的反倾销法律、承认中国市场经济地位对欧盟经济的影响等。美国的经济政策研究所（2015）、德国慕尼黑经济研究所（2016）等发布的研究报告认为，承认中国的市场经济地位或取消替代国方法会降低欧盟对华反倾销的适用税率，冲击相关产业的就业。欧洲对外关系委员会（2016）认为，在找到有效的替代方案前，欧盟不应取消现有的贸易保护措施，欧盟应尽快全面改革贸易防御工具，尽量与中国达成谅解。欧盟委员会（2016）在研究报告《改变对中国反倾销调查的方法》中认为，欧盟若不修改其对华反倾销条例，可能使欧盟违反世贸组织成员国的义务，若无减轻措施地修改其对华反倾销条例将降低关税，打击就业。

综上，国内学者的研究偏重于法律层面，同时也有对经济影响的关注。国外学者则着重研究测算这一问题带来的经济影响，以及相关法律修改等问题。本文将从中国的立场出发，客观地分析欧盟对《中国入世议定书》第15条及中国市场经济地位问题的态度演变过程，并跟踪中欧双方2017年在该问题上的最新动态，研究影响欧盟态度演变背后的经济、法律、政治因素，并为中国与欧盟接下来的市场经济地位之争的博弈提出建议。

二、欧盟在中国市场经济地位问题上的态度演变

在《中国入世议定书》第 15 条到期日来临之前，中、欧、美三方就展开了激烈的讨论，出于保护本国利益的目的，欧盟、美国都将这一问题与是否给予中国市场经济地位问题挂钩，使问题更加复杂。这里我们对近两年间欧盟的言论和态度进行回顾和梳理。

2015 年 11 月末，欧盟委员会表示准备承认中国的市场经济地位，并试图与美国的行动保持一致，大部分包括德、法在内的欧盟成员国也支持承认中国的市场经济地位。

2016 年 2 月，欧洲的 5000 多名钢铁工人在布鲁塞尔游行示威，坚决反对承认中国市场经济地位，4 月德国 4.5 万名钢铁工人在柏林等地也进行了游行示威活动。有几个机构的研究报告对承认中国市场经济地位对欧洲经济的影响进行了评估，再加上此前欧盟表现出的态度转变，引起了欧洲钢铁业、铝业等相关产业恐慌，纷纷表示了反对立场。

2016 年 2 月至 4 月下旬，欧盟委员会就是否承认中国的市场经济地位进行了一次公众咨询。来自欧洲社会各界 5000 多份的反馈结果显示，80% 的受访者反对承认中国的市场经济地位。美国在 2016 年 3 月 1 日对中国钢铁出口征收了高达 415% 的反倾销税，使欧委会担心中国钢铁出口将更多转向欧盟，因此欧委会（2016）在 3 月 16 日的一份关于钢铁的报告中表示打算采取减轻措施，同时保留有效的反倾销条例，并引入新的贸易保护工具。

为了安抚示威群众，欧盟成员几位经济部长号召欧盟委员会在中国钢铁产能过剩问题上要采取坚定的态度，即反对承认中国市场经济地位（Machnig Fekl，2016）。随后德国和法国提交的一份非正式文件认为，鉴于当前的钢铁危机，欧盟应该继续采取特别措施来应对中国的倾销，改革贸易保护工具，因此他们赞成欧委会在 3 月 16 日提出的相关措施（European Parliament，2016）。

2016 年 5 月 12 日，欧洲议会以 546 票赞成、26 票反对和 77 票弃权的结果通过一项决议，认为中国不符合欧盟设定的五项市场经济标准，反对单方面授予中

国市场经济地位。欧洲议会（2016）认为，在解读世贸组织规则的问题上，欧盟委员会应与美国取得一致，要求欧委会尽快拿出不违背世贸组织规则和《中国入世议定书》的解决方案。

2016年7月13日，在第18届中欧峰会上，欧盟委员会主席Jean-Claude Juncker强调了中国钢铁行业产能过剩问题的严重性，认为钢铁产能过剩和中国的市场经济地位有直接联系，因此虽然欧委会将坚守其国际义务，但做到这点并不容易。李克强总理强调，中方愿同欧盟建立专门机制深入讨论钢铁贸易问题，也希望欧盟如期履行《中国入世议定书》第15条义务。

2016年10月13日，欧盟各成员政府首脑就应如何处理中国“市场经济地位”问题展开激烈争论。欧委会打算承认中国市场经济地位，并希望各国首脑准许其出台针对中国倾销产品的新贸易保护措施。德国等国支持欧委会，担心如果不给予中国市场经济地位，可能会招致中国的报复，但意大利、西班牙、葡萄牙和一些东欧国家出于贸易保护目的则呼吁拒绝给予中国市场经济地位（焦宇，2016）。

2016年11月9日，欧盟委员会正式发布新的立法提案，并提交欧洲议会和欧洲理事会审议，标志着欧盟正式启动修改反倾销规则的立法程序。新提案取消了“非市场经济国家”名单，但采用“市场扭曲”的新概念和标准，这实际上是“替代国”做法的变相延续（冯迪凡，2016）。但在新提案不具有法律效力的情况下，欧盟延续“替代国”做法显然违背了世贸组织义务。

2016年12月12日，中国就美国、欧盟对华反倾销“替代国”做法，先后提出世贸组织争端解决机制下的磋商请求，正式启动世贸组织争端解决程序。中国商务部部长高虎城指出，如期终止对华反倾销“替代国”做法是国际条约义务，所有成员都必须严格遵守，中国的合法权益必须得到维护。

2017年1月，中欧双方在日内瓦举行了磋商。3月9日，中方要求世贸组织设立专家组对本案进行审理。3月21日，WTO争端解决机构（DSB）会议首次考虑了中方请求，中欧双方在会上就欧盟反倾销条例第2条第7项第（b）款规定的修订展开了一番辩论。欧方反对设立专家组，美国和日本在会议上表示支持欧盟，以及其“需持续在同中国相关的反倾销过程中使用非市场经济的方法进行计算”的意见。而中国商务部表示，将再次向 WTO 争端解决机构（DSB）会议提出请求，届时专家组将自动设立。

2017 年 6 月，德国总理默克尔表示，欧盟应履行第 15 条条约，应该致力于寻找符合 WTO 规则、对各国一视同仁、对中国非歧视性的解决方案，这被视为欧盟承认中国市场经济地位的松动迹象。

2017 年 11 月 15 日，欧洲议会通过反倾销反补贴调查新方法修正规章，引入了“市场扭曲”概念和标准，同意在符合扭曲标准的情况下，欧盟可弃用出口国的价格，选择使用第三国或国际价格来确定出口产品是否存在倾销。11 月 20 日，欧盟公布了首份《市场扭曲报告》，声称中国市场严重扭曲，“受到政府大量干预影响”。中方认为欧盟的做法是“双重标准”，欧盟的报告对中国经济发展说三道四，对中方采取歧视性和不公正的限制措施，却绝口不提自己违反世贸规则的行为。中方将保留在世贸组织争端解决机制下的相关权利，将采取必要措施坚决维护中方的合法权益。

三、欧盟在中国市场经济地位问题上态度演变的原因分析

受到经济、政治、法律三方面因素的影响，自 2015 年年末至今，欧盟对中国“入世十五条问题”及中国市场经济地位问题所持的态度一直变化不定。在经济上，为了保护欧盟相关产业，欧盟希望继续实施反倾销等贸易保护手段，同时维护好中欧经贸关系、欧美关系。在政治上，欧盟在处理中美欧三方关系上也保持了谨慎态度。在法律上，欧盟既要兼顾欧盟自身利益，也不愿意违反世贸组织的法律。此外，欧盟对中国“入世十五条问题”的态度还受到其内部各方力量的影响，欧盟委员会、欧洲议会和理事会都参与欧盟反倾销基本条例的修改程序，但三方在意见上仍有分歧，且还受到各产业部门和利益集团游说的影响。

（一）欧盟对华贸易保护

受到金融危机、欧债危机的影响，欧盟经济从 2014 年起才开始复苏，但由于市场需求不足，经济复苏的进程十分缓慢，因而采取贸易保护成为欧盟的必然

选择。

数据显示，中国是欧盟反倾销措施的最大对象国，对中国产品的反倾销是欧盟保护其市场和就业的理想手段，因此欧盟对华反倾销已成为中欧关系紧张的重要原因。1995 年到 2016 年间，欧盟对中国产品启动了 129 次反倾销调查、实施了 85 项反倾销措施。自中国在 2001 年入世以来，欧盟对华发起的反倾销调查案件逐渐攀升，在 2006 年达到最高，之后逐渐回落，近五年来每年反倾销立案数在 5 起左右，见图 1。

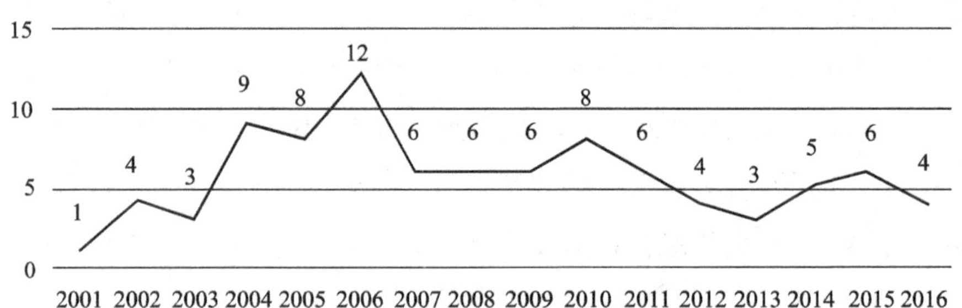

图 1　2001—2016 年欧盟对华反倾销调查启动数量

数据来源：Bown，Chad P. (2016) "Global Antidumping Database，" The World Bank.

欧盟的反倾销使面临世界经济增长乏力、需求不足的中国出口企业更加步履维艰。如果欧盟取消反倾销中的"替代国"做法，则不仅会增加欧盟对华反倾销的难度，也会降低欧盟对华征收反倾销税的税率，会使中国产品在欧盟市场上竞争力增强，进而威胁到欧盟相关产业的生存和就业。这也是欧盟不舍得放弃"替代国"做法、不愿意履行中国入世十五条的根本原因。

欧盟对中国发起的贸易救济调查主要集中在钢铁、化工、有色金属、光伏、造纸等自身缺乏比较优势的行业，而钢铁产业更是由于产能过剩成为反倾销目标。国际钢协的数据显示，2015 年全球钢材需求同比下降 1.7%，粗钢产能居世界第二位的欧盟受到很大影响。欧委会钢铁行业网站公布的数据显示，欧盟钢铁需求量下降了 27%，损失了 4 万余个就业机会。因而，钢铁产能过剩是欧盟拒绝给予中国市场经济地位的一个重要原因。

在钢铁产能过剩问题上，中国已做出积极回应并采取了相应措施，比如鼓励部分钢铁产能退出。在 2016 年的 G20 杭州峰会上，习近平主席表示，将在 5 年内压减粗钢产能 1 亿至 1.5 亿吨。欧盟委员会主席容克提出建立工作组以加强沟通的建议，中方也同意并希望欧盟遵守《中国入世议定书》第 15 条义务。可以看出，欧盟在钢铁产能过剩问题上自相矛盾的态度其实暴露了其真正用意。一方面，欧盟指责中国政府采取了包括政府补贴在内的经济政策，导致中国钢铁及其他行业的产能过剩，基于此欧盟认为中国仍未达到欧盟的市场经济标准。但另一方面，欧盟又希望中国政府在钢铁等行业去产能化进程上加大干预力度，正反映出欧盟所谓“市场经济”标准完全是从自身利益出发的。

一些国外研究机构将欧盟放弃反倾销中“替代国”做法、承认中国市场经济地位的经济影响进行了评估。根据美国智库经济政策研究所（EPI Institute）的研究报告，如果欧盟承认中国的市场经济地位，对中国制成品征收的反倾销税将减少 28%；从中国进口的制成品总额将增长 40.5% ～ 55.2%，达到 1415 亿欧元；欧盟 GDP 将减少 1140 亿欧元，相当于减小 1% ～ 2%。在未来 3 ～ 5 年内，欧盟将有 170 万～ 350 万甚至更多工作岗位受到影响，尤其是在汽车部件、纸制品、钢铁、陶瓷、玻璃、铝等行业，德、意、英、法等国受到影响的工作岗位将达几十万个。德国慕尼黑经济研究所（Ifo Institute）的研究则表明，如果承认中国的市场经济地位，欧盟对华征收的反倾销税将减少 17%，进口的制成品总额将增长 0.23% ～ 0.30%，相当于 6.7 亿～ 9 亿欧元。欧盟委员会所评估的经济影响则介于以上两个机构的研究结果之间，见表 1。如果无减轻措施地取消“替代国”做法而用“市场经济”方法来计算倾销幅度，欧盟对华执行的反倾销措施数量将减少 27%，将导致反倾销措施覆盖的中国进口产品的价格最终降低 19%，进一步导致欧盟从中国进口产品增加 17% ～ 27%，短期来看将使欧盟失去 3.04 万～ 7.70 万个工作岗位，长期来看受到影响的工作岗位将达到 7.33 万～ 18.83 万个。欧委会还从对直接相关产业就业的影响，对上游和下游产业的非直接影响角度出发，评估了如果欧盟无减轻措施地采用市场经济方法在长期可能造成的失业人数范围。尽管中国进口产品价格降低可以为下游产业增加就业机会，但总体来看仍将影响欧盟国家的 6.3 万～ 21.1 万个就业岗位。这些评估为欧盟相关各方不放弃反倾销中“替代国”的做法找到了依据。

表 1　欧盟对华反倾销时取消“替代国”做法长期可能造成的失业人数范围

	下限	上限
对就业的直接影响	−73300	−188300
对上游产业的非直接影响	−20700	−53100
对下游产业的非直接影响	+30400	+30400
影响总计	−63000	−211000

数据来源：Assessment of the economic impact of changing the methodology for calculating normal value in trade defense investigations against China, European Council, 21 December 2015.

（二）中欧经贸关系

中欧双方在经贸领域互为重要的贸易投资伙伴，相互依赖程度较深，因此，中欧经贸关系是欧盟在中国“入世十五条问题”、中国市场经济地位问题上的重要考虑因素。

从贸易角度看，欧盟是中国最大贸易伙伴、最大进口来源地、第二大出口市场。中国是仅次于美国的欧盟第二大贸易伙伴，第一大进口来源地、第二大出口市场。2016 年中欧贸易占到了欧洲对外总贸易额的 15%，自 2006 年以来增长了 50%。从 2006 年到 2016 年，欧盟从中国的进口占欧盟总进口额的比重从 14% 上升至 20%，欧盟对中国的出口额占欧盟总出口的比重也从 6% 上涨至 10%。除 2009 年金融危机外，欧盟从中国的进口额连续增长，2016 年达到 3450 亿欧元。而欧盟对中国的出口额也是持续增长，2016 年达到 1700 亿欧元，见图 2。

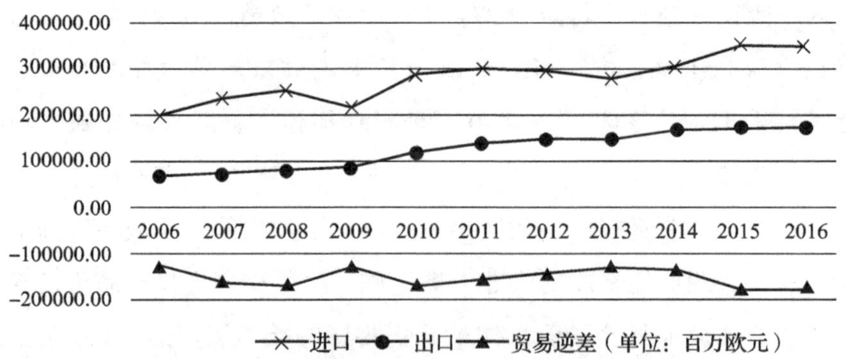

图 2　欧盟对华进出口贸易总额及贸易逆差情况（2006—2016）

数据来源：欧盟委员会，“European Union, Trade in goods with China”，p.3.

中欧双方贸易规模大，但贸易不平衡比较严重。自 2001 年以来欧盟对中国货物贸易一直保持贸易逆差，2006 年欧盟对华贸易逆差为 1321.21 亿欧元，之后逆差呈波动趋势，2015 年贸易逆差达到了近十年来的最大值 1800 亿欧元，2016 年回落至 1750 亿欧元。

总体来看欧盟对华贸易逆差状态仍难以逆转，因此，欧盟对双方贸易不平衡的状况一直不太满意，这也是欧盟持续对中国实施反倾销等贸易保护措施的重要动机。

从投资角度看，自 2000 年以来，中国对欧盟的直接投资总体呈现增长趋势，尤其是 2010 年以来保持了较高的增速，而欧盟对中国投资先是缓慢上升，但 2014 年以来呈现下降趋势，远低于中国对欧盟的直接投资总额。2016 年欧盟对华投资总额仅有 77 亿欧元，中国对欧盟直接投资则达 351 亿欧元，其中投资流入的国家最多的是德国（110 亿欧元）与英国（78 亿欧元），占中国对欧投资总额的 53% 以上。

欧委会认为，相对稳定、法治和安全的投资环境，使欧洲成为中国企业对外投资中最重要的目的地，而中国对欧盟直接投资的迅猛增长对欧盟来说是一种机遇，能够促进欧盟就业和实现经济增长。欧委会还表现出进一步扩大中欧之间相互投资的意愿。中国目前是宣布将向“容克计划”注资的唯一非欧盟国家，中国的“一带一路”倡议有望与欧盟启动的“欧洲战略投资基金计划”（即“容克计划”）对接。而目前双方正在磋商的《中欧双边投资协定》也致力于推动双方双向投资。尽管双方相互间的投资前景良好，但中欧双向投资间的差距也引起一些争议，一些欧盟国家对中国在当地的投资产生了警惕心理，同时有的欧洲企业则抱怨中国市场难以进入、竞争条件不公平、缺乏透明性及法律障碍。

总体来看，经贸关系是中欧关系的基础，基于深化中欧全面战略伙伴关系的背景，欧盟实际上并不希望和中国在“入世十五条问题”和市场经济地位问题上发生严重的正面冲突。但是，欧盟出于自身经济政治等方面利益的考虑又不愿放弃“替代国”做法，这势必可能影响双方经贸关系的良好发展前景。

（三）欧美关系

欧盟与美国的经贸和政治关系也是影响欧盟在中国“入世十五条问题”和

“市场经济地位”问题上态度的又一重要因素。根据欧洲统计局 2016 年发布的数据，2015 年欧盟与美国的贸易总额达 6190 亿欧元，占欧盟对外贸易总额的 18%，美国是欧盟第一大贸易伙伴。其中欧盟从美国进口额占欧盟从外部进口总额的 14%，仅次于中国，欧盟到美国的出口额占欧盟出口到外部市场总额的 21%，美国是欧盟产品最大的出口目的地。

由于美国与欧盟经济联系紧密，因此，如果欧盟单方面放弃针对中国反倾销的“替代国”做法，会使欧盟增加从中国的进口，同时会可能使欧盟减少从其他贸易伙伴（包括美国）进口，这种贸易转移的发生将对美国经济造成一定的负面影响，尤其是在全球产能过剩、价格弹性又很大的钢铁行业，而且如果中国的钢铁通过欧盟流向美国，将会进一步对美国国内的钢铁企业造成压力。2015 年末，就有美国官员曾警告欧盟，称给予中国市场经济地位无异于“单方面解除”欧洲针对中国的贸易防御。

欧盟在很多问题上一向受到美国立场的影响。欧洲议会曾表示在解读世贸组织规则时，欧盟委员会应与美国取得一致。美国智库经济政策研究所（EPI Institute）对欧盟承认中国市场经济地位的经济影响做出了相当负面的评估，而欧委会和欧洲议会则多次援引这份报告，反映了欧盟决策层对美国态度的重视。

与欧盟变化不定的态度不同，美国在中国“入世十五条问题”上的态度则比较明确，不仅对欧盟进行声援，反对中国要求 WTO 设立专家组的请求，而且明确表示反对给予中国市场经济地位。2017 年 11 月 30 日正式公布拒绝中国根据入世第 15 条获得市场经济地位的要求，美国将继续在对华反倾销调查中使用“替代国”做法。美国在此问题上的强硬态度势必会影响欧盟的立场。

从欧美政治关系来看，尽管近年来欧美之间在许多国际事务问题上存在矛盾和分歧，但欧美在对华政策上往往采取一致态度，在反倾销问题上也是如此。此外，英国脱欧使欧盟的国际分量减小，美欧双边关系明显失衡，欧盟用于制衡美国的筹码明显减少，再加上欧盟当前正面临着经济复苏乏力、欧债危机、难民、恐怖袭击等一系列问题，更是需要美国给予经济、政治等多方面的支持。因此，未来欧盟的态度和做法还将继续受到美国的制约。

（四）欧盟反倾销法修订与贸易防御措施改革

欧盟反倾销基本条例第（27）条（b）项给予"中国、越南、哈萨克斯坦以及是 WTO 成员的非市场经济国家"有条件的市场经济待遇，是欧盟在对华反倾销调查中使用替代国方法确定正常价值的法律基础。欧盟在 2016 年 11 月 9 日提交了反倾销、反补贴立法新提案，这是欧盟提出的一种折中方案。新提案中取消了"非市场经济国家"名单，以"市场扭曲"替代"非市场经济"的概念和标准，其目的在于使欧盟的法律不与 WTO 的《中国入世议定书》第 15 条发生冲突。

新提案也反映了欧盟在此问题上的双重动机。其一，欧盟决策层表态非常重视遵守国际规则。考虑到第 15 条即将到期，欧盟取消了原来的"非市场经济地位"概念，承诺欧盟将履行世界贸易组织法律条约义务，目的是维护其遵守国际规则的形象，缓和与中国在该问题上的紧张关系。而欧洲议会虽然反对承认中国市场经济地位，但也郑重声明遵守世贸组织法律条约是欧盟的义务。其二，在遵守国际规则和义务的表态之外，欧委会仍在尝试通过修改欧盟贸易措施来达到保护自身产业的目的。欧委会在提案中提出了判断是否存在"市场扭曲"的四项标准，包括国家政策影响力、国有企业的分布程度、支持国内企业所造成的歧视和金融机构的独立性。这些标准实际上与欧盟之前用以判断"市场经济地位"的 5 项原则并无本质上的区别。欧盟还表示，在新法案生效前将沿用原来的"替代国"做法，因此欧盟可能会利用这一段时间对中国企业发起更多的反倾销调查。

中国在 2016 年 12 月 11 日后就欧盟反倾销基本条例的第 27 条提出了 WTO 争端解决机制下的磋商请求。中欧在 WTO 程序规定的 60 天的磋商期内未达成一致，因此中方在磋商期后提请 WTO 成立专家组解决争端。欧盟拒绝了中国的请求，而由于在此次争端中欧盟败诉的可能性较大，因此欧盟想尽量在程序上拖延，目的是争取时间对欧盟国家产业继续进行保护。按照 WTO 的规定，欧盟不得拒绝第二次争端请求，如在后续法律程序中拒不应诉，将会面临缺席判决的败诉风险，可以预见在接下来的争端解决程序中欧盟将全力进行抗辩。

可以看出，欧盟一直在 WTO 法律框架内寻找规避这一问题的可能性。从起初的强辩到后来的拖延，符合欧盟在过去的 WTO 判例中的一贯表现。欧盟正是企图利用自身及 WTO 程序的复杂性、长时性，为欧盟相关企业赢得更多的喘息时间。中国这次在 WTO 启动争端解决程序可能将耗时 2 ～ 3 年时间，而在欧盟的反倾销立法新提案通过后，中国极有可能针对其中的减轻措施提出新的磋商请求，尽管可能最后是中国胜诉，但这一过程可能将耗时超过 10 年。而在此期间欧盟对华反倾销和反补贴调查将继续给中国带来巨大损失。

与此同时，欧盟其实也启动了全面改革其贸易防御措施的步骤，其做法是，将修改对华反倾销法律基础与全面改革贸易防御措施进行挂钩来保护欧盟产业。因为欧盟考虑的不只是对华反倾销问题，还包括未来其反倾销法律对其他国家是否适用且足够有效等问题。比如，越南、塔吉克斯坦等国也面临相关条款到期问题，届时又将涉及欧盟反倾销基本条例第 27 条（b）项的修改问题。但事实上由于欧中贸易关系的重要性，当该项条款不再适用于中国时，也就失去了其最重要的存在意义。

2016 年 10 月 18 日，欧委会明确将贸易防御措施现代化与给予中国市场经济地位的问题挂钩，认为二者挂钩可以确保欧盟贸易防御措施经济上有效、法律上强大和政治上可持续。欧委会随后在 11 月 9 日提出的新提案提出，将修改甚至废除反倾销基本条例第（27）条（b）项，抛弃“非市场经济”概念，这其实推翻了欧盟之前在反倾销调查中实施的国别歧视的方法，转而采用国别中立的“市场扭曲”新概念和方法，变特殊法为一般法。无论哪个国家，只要根据欧盟的四条“市场扭曲”标准被判定为“市场扭曲”，欧盟就可以对其征收反倾销税。欧盟在同月还公布了首份《市场扭曲报告》，声称中国市场严重扭曲。中方对欧盟的做法表示了强烈反对，可以预见未来中欧双方将在 WTO 争端解决机制下发生激烈的冲突。

四、结论

欧盟在中国“入世十五条问题”和市场经济地位问题上，既要遵守 WTO 的法律，又要考虑欧盟内部各方的利益诉求，还要考虑与中国的经贸关系，同时兼顾美国的态度，这些经济、政治、法律因素都会影响欧盟的进一步决策和做法。2017 年 11 月美国已公开拒绝给予中国市场经济地位，这对欧盟的态度有很大影响。欧洲议会 11 月通过了反倾销反补贴调查新方法修正规章，引入了“市场扭曲”概念和标准，还公布了首份《市场扭曲报告》，声称中国市场严重扭曲。对于欧美的上述做法中国已表示强烈反对，中方将保留在世贸组织争端解决机制下的相关权利。但依据程序，这一问题的最终解决还需几年时间。在这期间，欧盟、美国有可能继续对中国产品发起更多的反倾销调查，同时反补贴调查也可能会有增无减，这将对未来几年中国产品进入欧美市场形成较大的障碍，这些贸易保护做法不仅不利于各方利益，还会将中欧经贸关系置于紧张之中。

在此情形下，一方面，中国应在WTO框架之下积极寻求磋商解决，进一步敦促欧盟放弃反倾销中的替代国做法，另一方面，与欧盟进行进一步的沟通磋商，并密切关注欧盟、美国在此问题上的态度和反应，以促进中欧双边贸易回到正常轨道，维护双方根本经济利益。当然更重要的是，面对外部贸易保护措施的不断加强，中国更应该继续坚持经济贸易结构的转型，努力增强企业的国际竞争力，在“一带一路”倡议下积极推进出口市场多元化，以降低不确定性风险。

崛起的金砖国家——服务贸易竞争力及其影响因素[①]

一、引言

近年来，中国、巴西、印度、俄罗斯和南非作为新兴经济体代表的金砖国家[②]经济成长前景良好，备受世界的瞩目。随着金砖国家金融市场开放程度不断提高，其金融服务贸易得到了迅猛的发展，并在很大程度上带动了本国的经济发展。但不可否认，尽管发展势头良好，但由于起步较晚、金融市场自由度不高等因素的限制，金砖国家金融服务贸易的国际竞争力水平相较于世界发达国家还有一定的差距，而金砖国家在金融服务贸易上既有竞争关系，又有未来合作的潜力，因此，对金砖国家金融服务贸易竞争力的研究有很强的现实意义。

再从我国情况来看，在企业“走出去”和“一带一路”倡议、自贸区建设等政策的大力支持下，中国金融服务贸易发展迅猛，金融机构资本实力、国际化水平快速提升，金融服务贸易规模和竞争力已有了很大的提高。从金融业海外投资来看，截至2015年年末，中国境内金融机构对境外直接投资存量为1711.89亿美元，较2007年年末增长100余倍。同时，以银行为主的金融机构加大了海外布点的力度，其海外资产、利润、雇员占比均明显提升。根据中国银行业协会的统计数据，截至2015年年底，总计22家中资银行开设了1298家海外分支机构，覆盖全球59个国

① 本篇内容发表于《二十国集团（G20）发展报告（2017—2018）》。其他合作者：何蓉，女，博士，现为北京外国语大学国际商学院副教授，主要从事国际贸易和投资研究；曾临楚，女，硕士，就读于北京外国语大学国际商学院，主要从事国际金融研究。

② 2001年，美国高盛公司首提中国、巴西、印度、俄罗斯为“金砖四国”。2010年，南非加入，成为“金砖五国”。

家和地区，总资产约为1.69万亿美元。但是，由于我国金融机构的海外网点覆盖面窄、信息化管理水平较落后，海外业务拓展和在国际金融市场利用整合资源的能力还较弱等原因，我国在金融服务出口方面竞争力还有待进一步提升。

对于金融服务贸易竞争力的研究，尤其是以金砖国家为对象的研究，已引起学者的广泛关注，并形成了比较丰富的成果。

一类研究成果关注的是国家层面的服务贸易竞争力测算和评估。一些研究集中于中国服务贸易竞争力，通常采用服务贸易出口额、行业劳动生产率、行业进出口指数、国际市场占有率（MS）指数、贸易竞争力（TC）指数、显性比较优势（RCA）指数、服务贸易开放度等指标。赵放、冯晓玲（2007）对中美两国服务贸易竞争力进行了比较，发现中国在劳动密集型的服务部门上更具有竞争优势、而在资本密集型的服务部门上处于竞争劣势。余道先、刘海云（2008）对中国服务贸易分项目数据进行了指数测算，认为我国服务贸易进出口结构并不合理，发展也不平衡。曹瑛、王耀中（2009）分析比较了中国大陆和香港在跨境支付和商业存在两种情况下的金融服务贸易国际竞争力。吴贤彬等（2012）指出中国服务贸易竞争优势体现在旅游服务、运输服务等传统部门，而金融、通讯、专利使用费和特许费等高附加值服务部门的占比偏低，竞争劣势明显。郭晶、刘菲菲（2015）基于贸易增加值视角，对中国服务业国际竞争力进行了测算，发现使用传统统计方法高估了中国服务业直接出口的国际竞争力，同时低估了中国服务业整体国际竞争力。

还有学者对金砖国家服务贸易的竞争力问题给予了关注。聂聆等（2011）采用RCA指数和TC指数对金砖四国生产性服务贸易进行了研究。桑百川等（2014）研究了金砖国家服务贸易结构及服务贸易各行业国际竞争力。李杨（2012)认为，除印度外，巴西、俄罗斯、南非和中国服务贸易竞争力都相对较弱。蒲红霞和马霞（2015)运用了贸易增加值数据，通过国际市场占有率指数、净出口显示性比较优势指数和产业内贸易指数，认为金砖国家在传统服务业上的竞争性较大，而在现代服务业方面互补性较强。余道先、王露（2016）测算了金砖国家服务贸易相对竞争力及在全球生产价值链中的位置，认为金砖国家的服务业总体处于较明显的竞争劣势，并处于全球价值链下游，但在服务业细分行业中有一定比较优势，服务业的开放程度在加大。

第二类研究成果则关注服务贸易中的金融服务贸易竞争力的测算与比较。Moshirian（1994）通过 H-O-S 检验 OECD 国家金融服务的比较优势，表示 OECD 国家向发展中国家输出金融服务贸易的竞争优势为人力资本、规模经济、研发水平。秦嗣毅，杨浩（2011）通过金砖四国以及国际间的比较，得出“金砖四国”金融服务贸易国际竞争力总体较弱的结论。张欣、崔日明（2011）采用出口比较绩效指数、出口相似指数、贸易重叠指数等，测算了“金砖四国”的金融服务贸易国际竞争力，发现金砖国家间的贸易合作关系并不紧密，且存在较强的竞争。董小芳（2013）基于 EBPOS 统计法对金砖国家金融服务贸易国际竞争力进行了研究，还探讨了“金砖五国”金融服务贸易的发展潜力。

第三类研究则围绕影响服务贸易竞争力的因素而展开。Goldberg Johnson.D（1990）、Moshirian.F（1994）的实证研究发现，行业的海外资产数量与一国的金融服务贸易国际竞争力有很强的正相关性。Claessens Laeven（2004）的实证分析表明，部门工作效率、产品质量、技术创新以及对金融机构的监管政策会影响金融服务贸易国际竞争力水平。

国内学者在这方面的实证研究大多以波特“钻石模型”为理论基础。庄惠明、黄建忠等（2009) 研究了我国服务贸易竞争力的现状，认为人口结构素质、货物出口总额和第一产业劳动生产率对服务贸易出口额有正向关系。陈虹、章国荣（2010）发现人均国民收入、服务贸易开放度和服务业发展水平等因素对提高我国服务贸易竞争力有积极作用，而外商投资、货物贸易对服务贸易出口的影响有限。姚晓棠、方晓丽（2013）认为教育环境、基础设施、法律环境等因素对提升金砖国家服务贸易国际竞争力作用明显，其中印度的服务贸易综合竞争力最强。

综上，尽管关于服务贸易竞争力等相关研究成果比较多，但聚焦于金砖国家金融服务贸易发展及其竞争力的研究还不够丰富。因此，本文将对金砖国家金融服务贸易竞争力进行评估和比较，并试图分析影响金砖国家金融服务贸易竞争力的主要因素，并提出相应政策建议。

二、金砖国家金融服务贸易的发展现状

近年来金砖国家的金融服务贸易发展迅速，2005—2015 年间金融服务贸易总

额均有大幅度的提升，金砖国家的金融服务贸易总额占世界金融服务贸易的份额由 2005 年的 9.68% 提高到了 2015 年的 15.1%。当然跟发达经济体相比，仍处于相对低的水平，金砖国家的金融服务贸易发展仍有很大的上升空间。

从金融服务贸易的进出口额、总额及增速方面来看，中国和印度在金砖国家中较为领先，发展速度快。2005—2015 年期间，五个国家中中国和印度的金融服务贸易总额最高，并且呈较快增长趋势，而巴西、俄罗斯、南非金融服务贸易总额没有明显增长，保持在较低水平，见图 1。在金融服务贸易出口额方面，印度和中国处于较高水平，在此期间增长较快，年增长率分别达到 14.87% 和 29%，2015 年的出口额分别达到 73.1835 亿美元和 73.1070 亿美元，其余三国出口额在 20 亿美元以下。在金融服务贸易进口方面，中国金融服务贸易进口规模最大，且进口额保持在年均 9.32% 的增长水平。

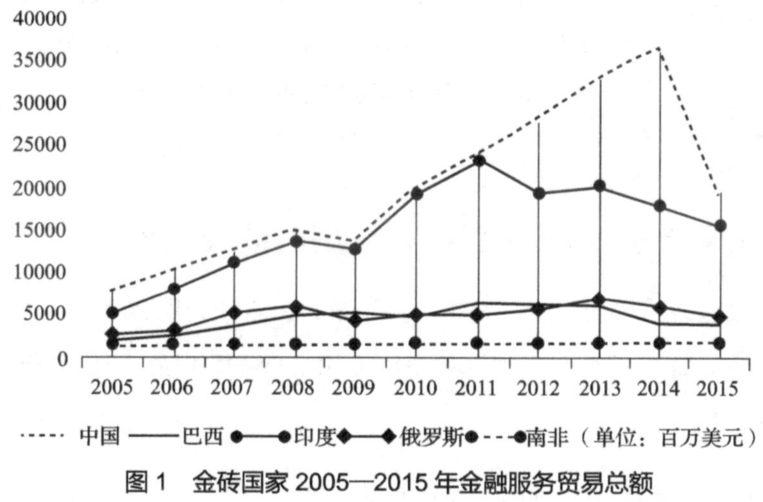

图 1　金砖国家 2005—2015 年金融服务贸易总额

数据来源：根据 UNCTAD 数据库相关数据整理、计算得到。

具体来看，中国的金融服务贸易总额在金砖国家中最高，由 2005 年的 80.54 亿美元增加至 2015 年的 192.82 亿美元，年平均增长率为 12.42%。金融服务贸易出口额也增长很快，年平均增长率达到 29%，2015 年增长到 73.1 亿美元，出口额达到 2005 年的 10.5 倍。与此同时，随着金融业开放程度不断扩大，中国金融服务贸易进口额也在稳步提升，年平均增长率达到 9.32%。但由于对金融服务的进口需求远大于出口需求，中国的金融服务贸易始终处在逆差状态，且逆差额逐年递增，在2014年甚至达到了182.89亿美元，2015年逆差回落到46.60亿美元，见图2。尽管发展速度快，但总体来看，中国金融服务贸易的国际竞争力水平依然较低。因此，进一步扩大我国金融服务贸易的出口规模，改变长期的逆差状态，成为金融服务贸易未来着重发展的方向。

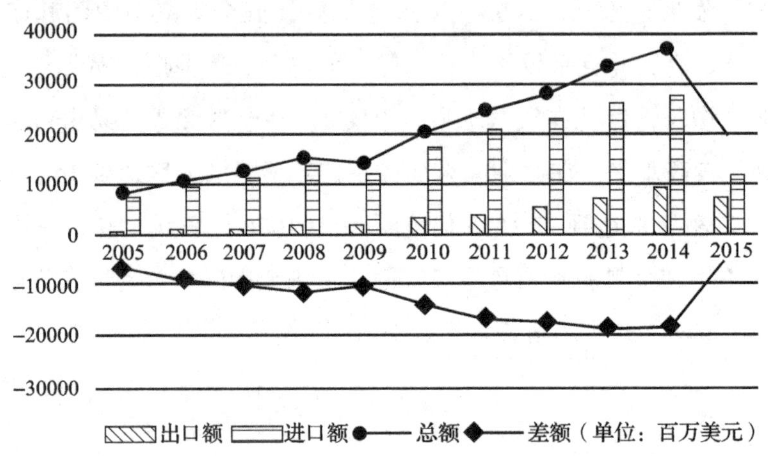

图2　中国2005—2015年金融服务贸易发展状况

数据来源：根据UNCTAD数据库相关数据整理、计算得到。

三、金砖国家金融服务贸易国际竞争力指标比较分析

为了比较金砖国家金融服务贸易国际竞争力，本文利用2005—2015年金砖国家的相关数据，计算了这几个国家金融服务贸易的MS指数、TC指数及RCA指数三个指标。

（一）国际市场占有率（MS）指数分析

国际市场占有率（Market Share）指一国（或地区）某种商品的出口总额与世界同种商品出口总额的比值，表现该国该商品出口的整体竞争力情况。MS指数比值越高，则意味着该行业具有较高的国际市场占有率，国际竞争力越强。计算公式如下：

$$MS_{ij} = X_{ij} / X_{wj}$$

上式中，MS_{ij} 表示i国j产品的国际市场占有率，X_{ij} 表示i国j产品的出口总

额，X_{wj} 表示世界 i 产品的出口总额。

从表 1 和图 3 可以看出，在 2005—2015 年的金融服务贸易市场上，金砖国家的 MS 指数整体均低于 2%，国际市场占有率普遍较低。其中，印度的金融服务贸易国际市场占有率相对较高，在 2011 年达到了 1.738% 的最高值，与其他四国相比显示出了一定的竞争实力。巴西金融服务贸易 MS 指数的增长幅度低于印度。而俄罗斯与南非的金融服务贸易国际市场占有率相对稳定，维持在 0.25% ～ 0.42% 与 0.19% ～ 0.26% 的区间范围内，增长幅度较小。

表 1　2005—2015 年金砖国家金融服务贸易国际市场占有率（MS）指数

年份	中国	巴西	印度	俄罗斯	南非
2005	0.249	0.230	0.747	0.256	0.236
2006	0.204	0.309	1.011	0.281	0.250
2007	0.263	0.379	1.133	0.360	0.252
2008	0.375	0.456	1.292	0.394	0.233
2009	0.473	0.469	1.238	0.339	0.226
2010	0.698	0.483	1.738	0.338	0.249
2011	0.784	0.605	1.791	0.291	0.248
2012	1.062	0.611	1.550	0.356	0.241
2013	1.355	0.607	1.607	0.420	0.213
2014	1.628	0.330	1.418	0.356	0.199
2015	1.355	0.321	1.356	0.326	0.197

数据来源：根据 UNCTAD 数据库相关数据整理、计算得到（%）。

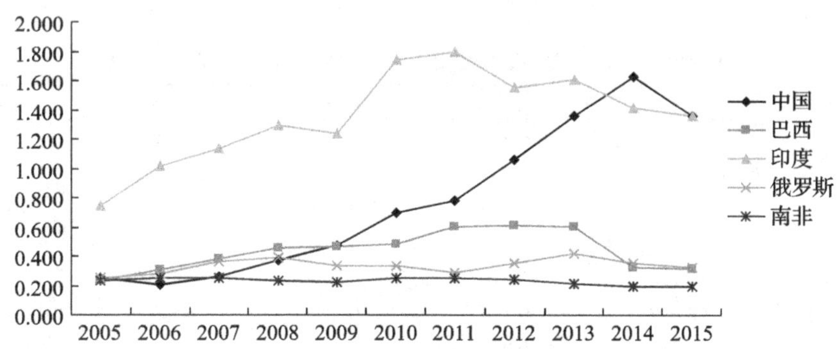

图 3　2005—2015 年金砖国家金融服务贸易国际市场占有率（MS）指数

数据来源：根据 UNCTAD 数据库相关数据整理、计算得到（%）。

就中国而言，2008 年以前，中国的金融服务贸易 MS 指数一直低于印度、巴西和俄罗斯，但 2008 年开始，中国金融服务贸易 MS 指数开始快速增长，国际市场占有率显著提高，并在 2014 年超过了印度并处在领先地位。中国金融服务贸易出口的大幅增加明显提升了金融服务贸易竞争力，这种积极变化可能与政府推动的服务贸易发展“十三五规划”等发展战略有关。

（二）贸易竞争力（TC）指数分析

TC（Trade Special Coefficient）指数又叫贸易竞争力指数，指某行业的贸易差额占该行业贸易总额的比例，表现出该行业的国际出口竞争力状况。TC 指数剔除了通货膨胀及一国体量规模等宏观因素的影响，使不同国家间的贸易竞争力更具有可比性。计算公式如下：

$$TC = (X_{ij} - M_{ij}) / (X_{ij} + M_{ij})$$

上式中，X_{ij} 为 i 国 j 产业的出口额，M_{ij} 为 i 国 j 产业的进口额，TC 指数的取值范围为 [–1，1]，当指数由“–1 → 0 → 1”变化时，该类服务出口竞争力经历了“很弱→平均水平→很强”的变化过程。

通过表 2 和图 4 对于 2005—2015 年期间金砖国家 TC 指数的分析可以看出，除南非外，中国、巴西、印度、俄罗斯的 TC 指数在此期间几乎均为负值，这表明该四国都是金融服务贸易的净进口国家，处于竞争劣势的地位。金砖国家中只有南非的金融服务贸易竞争力指数维持在大于 0 水平，这可能与南非相对完善的金融监管体制有关。

表 2　2005—2015 年金砖国家金融服务贸易竞争力（TC）指数

年份	中国	巴西	印度	俄罗斯	南非
2005	–0.827	–0.383	–0.211	–0.489	–0.003
2006	–0.866	–0.207	–0.142	–0.425	0.058
2007	–0.816	–0.129	–0.136	–0.414	0.137
2008	–0.774	–0.153	–0.148	–0.411	0.195
2009	–0.718	–0.276	–0.205	–0.365	0.269
2010	–0.697	–0.176	–0.215	–0.424	0.248
2011	–0.682	–0.058	–0.242	–0.438	0.223
2012	–0.624	–0.035	–0.214	–0.403	0.211
2013	–0.564	0.037	–0.163	–0.365	0.218
2014	–0.501	–0.140	–0.118	–0.341	0.222
2015	–0.242	–0.151	–0.069	–0.297	0.248

数据来源：根据 UNCTAD 数据库相关数据整理、计算得到。

在2006年以后逐年递增，并在2014年增幅达到51.6%，这表明中国金融服务贸易具有较大的上升潜力，并且上升速度快，可能未来有望突破负指数，并继续提升。由此看出，金融服务贸易逆差的缩小甚至扭转，将是中国提高金融贸易竞争力水平的重要步骤，因此，必须采取更多措施为金融服务贸易的出口扩大创造有利条件。

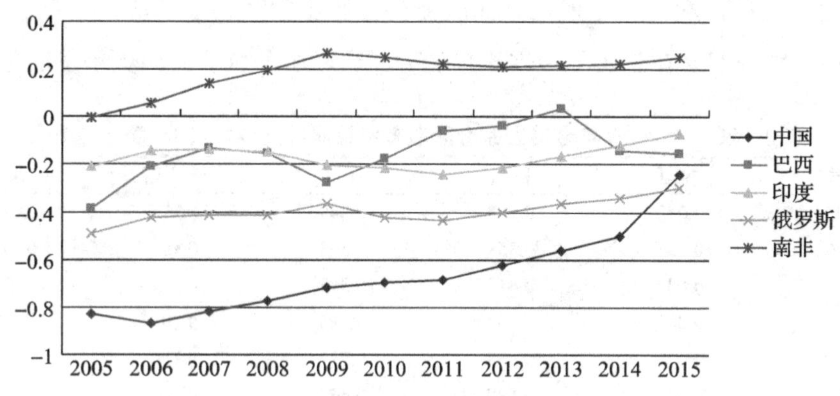

图4　2005—2015年金砖国家金融服务贸易竞争力（TC）指数

数据来源：根据UNCTAD数据库相关数据整理、计算得到。

（三）显性比较优势（RCA）指数分析

显性比较优势指数又叫RCA（Revealed Comparative Advantage）指数，是一国的某商品或服务出口额占该国出口总额与世界该种商品或服务的出口额占世界出口总额的比例。该指数剔除了一国与世界经济总量波动的影响，排除了国家体量与进出口规模等因素，故相较于MS指数与TC指数更加客观全面。计算公式如下：

$$RCA = (X_i / X) / (Y_i / Y)$$

上式中，X_i为某国第i种商品或服务的出口额，X为该国商品和服务的出口总额，Y_i为世界第i种商品或服务的出口额，Y为世界商品和服务的总出口额。当$RCA > 2.5$时，该国该产业的国际竞争力非常强；当$1.25 < RCA < 2.5$时，该国该产业的国际竞争力很强；当$0.8 < RCA < 1.25$时，该国该产业的国际竞争力比较强；当$RCA < 0.8$时，则该国该产业的国际竞争力比较弱。

由表 3 和图 5 可以看出，2005—2015 年间，金砖国家的显性比较优势指数均小于 0.8，这说明金砖国家金融服务贸易处于显性比较劣势的地位。其中，印度与南非的 RCA 指数相对较高，处于 0.45 ～ 0.68 和 0.52 ～ 0.59 的区间内，虽然上下波动但仍具有上升趋势。俄罗斯的 RCA 指数相对比较稳定，维持在 0.2 的水平。而中国的 RCA 指数长期低于 0.2 水平，是金砖国家 RCA 指数最低的。中国贸易结构中货物贸易长期占主导地位，而服务行业起步较晚、底子薄，服务贸易发展相对较慢，服务贸易在总贸易中占比较低，而金融服务贸易方面更是发展不足。

表 3　2005—2015 年金砖国家金融服务贸易显性比较优势（RCA）指数

年份	中国	巴西	印度	俄罗斯	南非
2005	0.050	0.268	0.449	0.150	0.531
2006	0.037	0.351	0.533	0.152	0.576
2007	0.044	0.412	0.563	0.192	0.584
2008	0.061	0.451	0.584	0.181	0.573
2009	0.077	0.468	0.541	0.188	0.560
2010	0.101	0.448	0.679	0.175	0.518
2011	0.104	0.526	0.670	0.140	0.522
2012	0.137	0.545	0.570	0.168	0.545
2013	0.171	0.572	0.593	0.199	0.522
2014	0.188	0.328	0.521	0.186	0.521
2015	0.144	0.341	0.474	0.214	0.518

数据来源：根据 UNCTAD 数据库相关数据整理、计算得到。

从 RCA 指数的比较可以发现，金砖国家的金融服务贸易国际竞争力与发达国家还是有相当大的差距、金融服务贸易市场潜力亟待发掘。

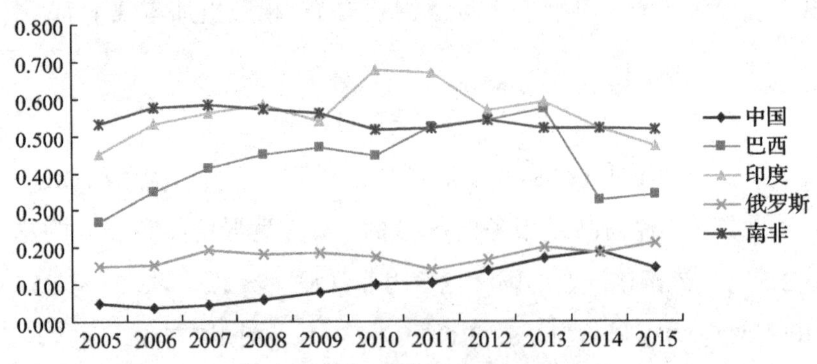

图 5　2005—2015 年金砖国家金融服务贸易显性比较优势（RCA）指数

数据来源：根据 UNCTAD 数据库相关数据整理、计算得到。

四、小结

金砖国家的金融服务贸易国际竞争力普遍较弱，且发展较不平衡、各经济体的发展速度明显不同。其中，印度在金融服务贸易MS指数、RCA指数等指标上表现出比其他四国更强的竞争力，南非则在TC指数上比较突出。

与其他金砖国家相比，中国的金融服务贸易国际竞争力仍然较弱，国际市场的占有率水平低、金融服务贸易净进口的状况仍没有改变。但可喜的是，近年来在政府对服务贸易发展的大力扶持下，中国金融服务贸易发展迅速，各指标呈现出逐年大幅上升的趋势，其中MS指数在10年内增长近7倍、TC指数增长近4倍。因此，从增长速度和趋势来看，中国金融服务贸易的发展有很大潜力，竞争力在未来将有更大的提高，具有良好的发展前景。

但值得注意的是，本文所采用的三个指标虽然反映了金砖国家金融服务贸易国际竞争力的重要外部特征，但也可能受到国家贸易体量大小等其他因素的影响，使分析结果出现一定的偏差。因此，对金砖国家金融服务贸易国际竞争力的影响因素进行实证分析，才能对这五国金融服务贸易的发展有更深入的分析，从而找到影响金融服务贸易竞争力的主要因素，提出进一步提升五国金融服务贸易国际竞争力的思路。

五、实证研究

基于中国、巴西、印度、俄罗斯、南非2005—2015年的面板数据，本文采用各国金融服务贸易竞争力指数（TC指数）作为被解释变量，普通高校学生入学率、城镇化率、互联网普及率、FDI对GDP的依存度、货物贸易出口额、金融服务市场集中度以及金融服务贸易开放度作为解释变量进行实证分析，以进一步明确影响金砖国家金融服务贸易国际竞争力的主要因素。

（一）影响因素指标及模型的选取

基于波特的“钻石模型”，并借鉴庄惠明、黄建忠等（2009）、陈虹（2010）、黄满盈、邓晓虹（2011）、姚晓棠、方晓丽（2013）等学者的研究成果，本文选择了如下 7 个变量作为研究金砖国家金融服务贸易国际竞争力的自变量。

在要素条件方面，高级要素相对于初级要素对提高一国金融服务贸易竞争力水平的影响更加显著。金融服务行业的兴起与发展离不开人才、城市化发展以及信息技术的支持，因此，这里选取各国高校入学率作为人力资本要素衡量指标、城镇化率作为城市发展水平要素衡量指标、互联网普及率作为技术要素衡量指标。在需求条件方面，由于资本的高流动性，选取各国 FDI 对该国 GDP 的依存度来衡量对金融服务贸易的需求。在相关产业与支持产业要素方面，货物贸易的出口会在一定程度上带动服务贸易的发展，故选取货物贸易出口额作为衡量指标。在企业战略结构与同业竞争要素方面，国内金融市场的竞争程度会影响该国金融服务贸易产业的发展，故选取一国金融服务市场集中度作为衡量指标。在政府要素方面，政府在助推本国金融对外开放方面有很强的推动作用，故选取一国金融服务贸易开放度作为衡量指标。

各变量的具体名称及在“钻石模型”中对应的要素如表 4 所示：

表 4　各变量名称及说明

变量	指标名称	单位	对应要素
y	金融服务贸易 TC 指数	%	—
X_1	高校生入学率	%	要素条件
X_2	城镇化率	%	
X_3	互联网普及率	%	
X_4	FDI 依存度	%	需求条件
X_5	货物贸易出口额	百万美元	相关产业与支持产业
X_6	金融服务市场集中度	%	企业战略、企业结构、同业竞争
X_7	金融服务贸易开放度	%	政府

注：因“机遇”要素不易测量，故在此不做实证分析。

其中，金融服务市场集中度等于该国前五大商业银行总资产除以该国金融机构总资产；金融服务贸易开放度 X_7 数据由金融服务贸易进出口总额除以 GDP 总额得到。

本文中，除 X_5 外所有的变量均采用比例的数值形式，消除了不同量纲对回归结果的影响，且保证了数据的平稳性，故本文实证部分将省略平稳性检验的过程。

考虑到变量的个数以及样本的时间跨度，本文采用的实际模型为：

$$y_{it} = \alpha_{it} + \beta_{it}X_{1it} + \delta_{it}X_{2it} + \eta_{it}X_{3it} + \psi_{it}X_{4it} + \phi_{it}X_{5it} + \varphi_{it}X_{6it} + \sigma_{it}X_{7it} + \mu_{it}$$

其中，$i = 1, 2, 3, 4, 5$；$t = 2005, 2006, \cdots, 2015$

（二）基于面板数据模型的实证分析

本文研究样本涵盖了中国、巴西、印度、俄罗斯及南非五个国家金融服务贸易的 8 个变量共 11 年的数据，且样本横截面的数量略小于时间序列的数量。这里，各国各年度的人口总数、高校入学人数、城市人口数、互联网用户人数、FDI、GDP、金融服务市场集中度等变量的数据均来自世界银行官网数据库。

1. 描述性统计分析

由表 5 可以看出，各变量的标准差均在 0.65 以下，说明各变量内的差异性不大，波动较小。同时，各变量的 VIF 值均小于 10，表明变量间不存在多重共线性问题，可直接进行回归分析。

表 5　各变量描述性统计

变量	平均值	标准差	最小值	最大值	VIF 值
y	0.239	0.303	–0.866	0.269	—
X_1	0.355	0.229	0.107	0.804	6.58
X_2	0.601	0.189	0.292	0.857	8.31
X_3	0.305	0.195	0.024	0.734	2.66
X_4	–0.129	0.015	–0.042	0.195	1.47
X_5	0.507	0.627	0.052	2.342	3.04
X_6	0.661	0.245	0.302	0.999	3.81
X_7	0.005	0.003	0.002	0.128	5.65

2. 相关性检验

利用 Stata12.0 软件对金砖国家 2005—2015 年的面板数据进行相关性分析，结果如表 6 所示。可以发现，除变量 X_3（互联网普及率）与 X_1（高校生入学率）及 X_2（城镇化率）的相关性程度较高以外，其余变量之间的相关系数均小于 0.6，这表明各自变量之间不存在较强的相关性。

表 6　自变量间的相关系数

	X_1	X_2	X_3	X_4	X_5	X_6	X_7
X_1	1.000						
X_2	0.5855*	1.000					
	(0.000)						
X_3	0.6011*	0.6159*	1.000				
	(0.000)	(0.000)					
X_4	0.3667*	0.095	0.223	1.000			
	0.006	(0.490)	(0.101)				
X_5	0.027	–0.198	0.229	–0.250	1.000		
	(0.845)	(0.147)	(0.093)	(0.066)			
X_6	–0.4990*	0.173	0.103	–0.288	0.172	1.000	
	(0.000)	(0.207)	(0.455)	(0.033)	(0.209)		
X_7	–0.3706*	–0.4718*	–0.4070*	0.100	–0.303	–0.309	1.000
	(0.000)	(0.000)	(0.000)	(0.468)	(0.024)	(0.022)	

3. 回归分析

Hausman 检验。进行回归分析前，首先应进行 Hausman 检验，以判断回归采用固定效应模型还是随机效应模型。Hausman 检验的原假设认为，随机模型中个体影响与解释变量间不存在相关关系。若检验结果不显著，则接受原假设，即采用随机效应模型；反之则采用固定效应模型。用 Stata 12.0 进行 Hausman 检验结果如表 7 所示。由于 p 值小于 0.05，则表明应拒绝原假设，使用固定效应模型。

表 7　Hausman 检验

	相关系数	
	固定效应模型（fe）	随机效应模型（re）
X_1	0.645	–0.296
X_2	2.327	0.661
X_3	–0.018	0.448
X_4	–0.634	3.206
X_5	0.131	–0.227
X_6	–0.776	0.531
X_7	–22.147	67.961
chi2 (7) = 319.80		
Prob > chi2 = 0.000		

序列自相关检验。随后利用 Stata 12.0 进行 xtserial 检验以判断各变量之间的自相关性。xtserial 检验的原假设是各变量之间不存在一阶自相关性，根据检验得到的 p 值结果为 0.51，则无法拒绝原假设、因此不存在序列自相关性。异方差检验。再对原回归方程进行异方差的检验。利用 Stata 12.0，输入代码 xttest3，用于检验固定效应模型中的异方差问题。xttest3 的原假设是不存在异方差情况，根据所得到的检验结果，p 值为 0.0791 大于 0.05，则应接受原假设，即存在同方差。

回归结果分析。由上文检验结果可知，原变量之间存在非自相关与同方差性。因此本文对固定模型进行非自相关与同方差性的修正，使用固定效应广义最小二乘法 xtgls 模型对面板数据进行回归。利用 Stata 12.0，得到的回归结果如表 8 所示。

表 8　固定效应 xtgls 模型参数估计结果

变量	X_1	X_2	X_3	X_4	X_5	X_6	X_7	_cons
Coef.	−0.296	0.661	0.448	3.207	−0.227	0.531	67.962	−1.191
	(0.218)	(0.293)	(0.161)	(1.555)	(0.054)	(0.153)	(16.124)	(0.253)
P>|z|	0.175	0.024	0.005	0.039	0.000	0.001	0.000	0.000
Wald chi(7)		191.66		R-squared		0.7770		
Prob>chi2		0.000		Adj R-squared		0.7438		

注：括号内为标准误。

由表 8 数据可知，固定效应 xtgls 模型的拟合程度较高，R 方为 0.777，调整的 R 方达到了 74.38%，p 值为 0，回归模型在 1% 的水平上整体显著。同时，各解释变量的 p 值除 X_1 外均小于 0.05，这表明各回归系数在 95% 的水平上显著。

根据上述估计，可以得出以下实证分析结果：

（1）高级要素条件方面。高校学生入学率对 TC 指数的相关系数为负，且每增加 1% 的高校入学率将带来金融服务贸易 TC 指数 0.296% 的下降。原因可能是，尽管高校入学人数增加，但可能在学科结构上分布不均衡，导致金砖国家金融高素质人才仍然匮乏，金融行业的高等人才并未由此明显增加，该国金融领域人力资本要素依旧稀缺，未能对金融服务贸易国际竞争力提升做出贡献。未来如有更为详尽的金融人才占比等指标，可以对人力资本的贡献再深入研究。

提高一国的城市化率及互联网普及率将在一定程度上提升该国金融服务贸易 TC 指数，且城市化率及互联网普及率与 TC 指数的相关系数分别为 0.661 与

0.448。城市人口以及互联网用户的增加将不断扩充金融服务业的资产规模，提高金融服务质量，促进本国对金融服务产品出口供应量的增加，故金融服务出口规模将进一步提升，最终导致一国金融服务贸易国际竞争力的提升。

（2）需求要素与金融服务贸易国际竞争力有较明显的正相关关系。实证结果显示，一国对外直接投资对GDP依存度的提升将促进该国金融服务贸易TC指数的增加，且FDI依存度每增加1%，TC指数将增加3.207%。这表明扩大对外直接投资与吸收外资流入的总量将在很大程度上提升一国金融服务贸易出口的规模，进一步促进该国金融服务业不断创新发展，最终带来金融服务贸易国际竞争力的提升。

（3）相关产业因素对金融服务贸易出口有比较小的限制性影响。货物贸易出口额与金融服务贸易TC指数的相关系数为负，伴随着每1%百万美元货物贸易出口额的增加，金融服务贸易TC指数将下降0.227%。原因可能是，货物贸易的进出口对服务贸易进口的贡献度大于对服务贸易出口的贡献度，且世界贸易主体长期存在普遍的经常项目“非对称性”[①]，往往货物贸易的顺差额越大的国家其服务贸易的逆差额也越大，反之，货物贸易逆差额大的国家和地区其服务贸易的顺差额也越大。原因在于，对主要的经济体而言，货物贸易和服务贸易在贸易结构上存在优势替代效应，即一个经济体很难长期保持货物和服务贸易的双顺差或者双逆差，尤其是双顺差。在发展中国家，由于发展极不平衡，大多数国家货物贸易均处于顺差而服务贸易处于逆差。货物贸易在总体贸易量规模仍占比很大，且主要依托于传统的第一第二产业；而作为第三产业的服务业尤其是金融服务业起步较晚，发展速度缓慢，服务质量水平低，贸易逆差严重。故货物贸易出口量的增加（顺差的扩大）可能在一定程度上影响金融服务贸易的发展，从而限制一国金融服务贸易国际竞争力水平的提高。

（4）企业战略结构与同业竞争要素对金融服务贸易国际竞争力有一定的正相关关系。实证结果显示金融服务贸易集中度与TC指数的相关系数分别为0.531。这表明随着金融服务行业改革的不断深入，较高的行业集中程度将更好地促进金融服务专业水平的提升与对外融合，因此金融服务出口规模将进一步提升，导致

① 程大中，国际服务贸易学，复旦大学出版社，2007年11月，第22-24页。

一国金融服务贸易国际竞争力的提升。

（5）政府要素对金融服务贸易国际竞争力有非常显著的正向影响。金融服务贸易开放度每增加1%、将造成TC指数增加67.962%，这说明一国金融服务贸易市场的开放将在极大程度上促进该国金融服务贸易国际竞争力的提升。原因在于金融服务贸易市场的开放将鼓动本国金融服务机构走出国门、开拓海外市场，并导致国外对本国市场金融服务产品需求的增加，促进本国金融服务出口，最终提高一国金融服务贸易国际竞争力。

综合上述回归结果表明，一方面，伴随着一国城市化率、互联网普及率、FDI依存度、金融市场集中度以及金融服务贸易开放度的提高，该国金融服务贸易竞争力水平将有所提升。其中金融服务贸易开放程度对金融服务贸易竞争力的影响最强，表明一国政府应大力开放本国金融服务贸易市场以扩大其竞争力。

另一方面，普通高等学校入学率及货物贸易出口额与金融服务贸易TC指数的相关系数是负的，表明高校入学率的提高如果不伴随金融学科人才培养比例的增加将无益于金融服务贸易发展，而货物贸易出口额的增加也不会必然带来金融服务贸易国际竞争力的提升，这可能与发展中国家依托的资源要素特征以及原本的经济贸易整体结构有关。故有关部门应进行相应的政策策略的调整，加大金融服务贸易的出口规模以及对金融专业性人才的培养。

六、结论及政策建议

金砖国家的金融服务贸易国际竞争力在整体上虽有稳步攀升的态势，但与世界发达国家仍相差悬殊，且五国发展较不平衡。金砖国家中，印度在金融服务贸易国际市场占有率、显性比较优势等指标上表现出比其他四国更强的竞争力；南非则在金融服务贸易竞争力指标上领先于其他四国。原因可能在于印度和南非的金融市场较为开放、金融体制相对自由。

金砖国家中，中国金融服务贸易国际竞争力的各项指标虽相较而言还比较低，但近年来表现出非常强劲的增长趋势。在2005—2015年间，中国金融服务贸易总额较之前翻了一番、年平均增长速度为12.42%，其中出口额年均增长率更是达到

29%。中国金融服务贸易 MS 指数、TC 指数、RCA 指数均有很大幅度的提高。

通过对金砖国家金融服务贸易国际竞争力的影响因素进行实证分析后，可以发现，一国金融服务贸易开放度（X7）对该国金融服务贸易 TC 指数的影响最为显著，相关系数达到 67.962。这意味着提高国家的金融服务贸易开放水平可以很大程度上增强该国的金融服务贸易国际竞争力。由此可见，政府因素对于一国竞争力具有显著的因果关系。同时高校入学率（X1）、货物贸易出口额（X5）与金融服务贸易 TC 指数负相关，可能与发展中国家经济增长结构及依托的资源要素有关。

根据前文的实证研究结果，并借鉴其他金砖国家的发展经验，本文对提升我国金融服务贸易国际竞争力提出以下建议：

（一）扩大金融业开放，推进金融服务贸易自由化

根据前文有关数据，中国的金融服务贸易开放程度还不够高，远低于印度、南非等国家。要提高中国金融服务贸易的国际竞争力水平，必须在宏观上采取适度开放、稳步推进的原则，为金融服务贸易的良性竞争提供良好条件。一方面要大力提升国家金融服务产业的质量与规模，鼓励金融机构走出去、参与国际分工，提升自身的营销、创新能力；另一方面可以适当放宽金融市场的准入，引进国外优秀金融服务企业，为国内金融服务行业提供示范与竞争效应。

现阶段，我国金融服务贸易市场的开放正在稳步推进。人民币的国际化进程为提升我国金融服务的出口提供了一个良好的契机，在降低因汇率变动带来的交易成本的同时，为中国金融服务业带来了更多的人民币计价贸易与投资机会。同时，上海自贸试验区金融创新试点的开放、加强人民币的跨境使用与资本项目可兑换化、进行外汇管理体制改革等系列政策措施，都在一定程度上消除了贸易壁垒。上海自贸区与上海国际金融中心建设相联动，通过在上海自贸区内集聚发展银行、证券、保险等行业的各类功能性金融机构，启动 QDII 与 QDII2 试点并推广创新贸易结算、贸易融资类业务，鼓励国内经济主体由自由贸易账户开展涉外贸易投资活动，将不断助推中国金融服务贸易业拓宽海外市场、提高对外的开放程度。

（二）优化金融服务贸易结构，增强金融服务出口优势

与其他金砖国家相比，我国的金融服务贸易经常账户严重失衡，常年处于逆差状态。为提高中国金融服务贸易的出口份额，进一步完善金融服务贸易的进出口结构，必须努力使服务产品从劳动、资源密集型向资本、技术密集型转变，并加大对金融相关产业的研发创新。同时，我国政府应积极参与国际服务贸易谈判，为我国金融服务贸易“走出去”创造积极健康的市场环境。

目前中国政府正积极探索金融服务贸易新出路、加大“走出去”的步伐。2015 年 3 月，国家发改委、外交部、商务部联合发布《推动共建丝绸之路经济带和 21 世纪海上丝绸之路的愿景与行动》，标志着中国“一带一路”倡议的启动。同年 12 月，亚洲基础设施投资银行正式成立，成为中国重要的金融外交战略之一。“一带一路”倡议的实施与亚投行的建立将帮助中国打造绕开现有金融机构的新联盟，提高中国在国际金融市场的话语权；同时促进金融服务贸易投资的便利化与规模化，提高中国对“一带一路”沿线国家及亚投行成员国家金融服务产品的出口量，共同推动金融服务贸易产业内上下游企业之间、各相关行业之间、各个国家和地区之间的创新与联动发展。目前，“一带一路”沿线作为经贸往来的大动脉已成为中国金融业内争相投资的热点。

（三）加强与其他金砖国家的合作，共同提升金融服务贸易竞争力

自 2010 年“金砖国家”正式形成以来，中、巴、印、俄、南非在诸多领域都开展了系列合作机制，取得多项实质性进展。其中，在金融服务贸易领域，金砖国家先后签署了关于银行合作机制、本币贸易结算与信用证保兑服务等多项金融协议，同时积极开展磋商会谈对话、建立完善金砖国家经贸部长年度会议机制、提出贸易投资便利化行动计划，合作势头不断上升。

随着 2015 年 7 月金砖国家新开发银行的成立，金砖国家积极互相推动国家基础设施建设，探索全球范围内的可持续发展契机，并建立应急储备基金、构筑共同的金融安全网。金砖国家新开发银行等支持性金融机构将充分发挥主体作用，助力银团贷款、股权融资、跨境并购与重组等金融服务再升级，推进金砖国家金融服务贸易水平的整体提升。金砖国家还将持续加强合作，风险共担，努力在金

融服务贸易领域取得共赢。因此，中国应抓住机遇、积极顺应合作潮流，持续深化合作机制，与其他金砖国家一起不断加大新兴国家在全球金融市场的话语权，共同提升金融服务贸易国际竞争力。

（四）大力培养金融业人才，提高人才培养质量

在我国金融机构海外业务快速扩张的过程中，急需既懂东道国语言、文化、法制环境，又懂金融专业的高水平人才，因此，高层次复合型金融人才的培养应得到充分重视。同时也要为金融人才创造更多的海外实践机会，努力提升其专业素养与国际化视野，从而提高金融机构的海外业务能力，以促进中国金融服务贸易的整体竞争力提升。

中国与东盟——汇率波动对直接投资的干扰[①]

一、引言及文献回顾

东盟是我国对外直接投资流向较大的经济体，我国对东盟直接投资的流量和存量在我国对外直接投资中均位列第三。2014 年我国对东盟直接投资流量达到 78.09 亿美元，同比增长 7.5%，投资存量达到 476.33 亿美元，占我国对外投资总存量的 5.4%。2010 年中国—东盟自贸区的建成为双方货物、服务、投资各方面的交流创造了良好的平台，2015 年 11 月中国—东盟自贸区升级版谈判成果文件的正式签署为双方经济共同发展提供了进一步的政策支持。东盟还是“海上丝绸之路”的关键节点，其丰富的资源、劳动力和巨大的市场潜力将使其继续成为我国具有战略意义的投资目的地。

我国对东盟对外直接投资的不断增长，受到资源、劳动力价格、市场规模、双边贸易等多种因素的影响。由于汇率因素不仅影响企业的生产成本，也深刻影响着我国对外投资企业的投资利益，所以从整体趋势看，2010—2015 年人民币对东盟国家货币呈现出升值态势，但必须注意的是，东盟十国拥有不同货币，汇率波动比较大且不太稳定，我国和东盟主要成员国货币（除新加坡元外）目前都属于不可自由兑换货币，这可能使我国企业在对东盟的直接投资过程中遭遇较大的

① 本篇内容发表于《经济经纬》2017 年第四期。其他合作者：何蓉，女，博士，现为北京外国语大学国际商学院副教授，主要从事国际贸易和投资研究；李超，男，博士，现为中国社会科学院财经战略研究院副研究员，主要从事区域经济学研究；刘洋，男，硕士，就读于北京外国语大学国际商学院，主要从事国际金融研究。

汇率风险，也会影响企业对东盟直接投资的积极性。因此，迫切需要对汇率变动如何影响我国对东盟的直接投资进行深入研究，对这一问题的探讨将为进一步促进我国对东盟的直接投资提供理论和经验支持。

首先，关于汇率与直接投资的关系，学者们已形成了比较丰富的成果。有的研究关注汇率水平变化对一国对外直接投资的影响，有的则关注预期汇率和汇率波动产生的影响。Aliber（1973，1983）提出跨国投资活动可以用资本化率来解释，如果本国货币相对坚挺，则资本化率相对较高，本国企业就增加对外直接投资，解释了本币升值情况下美国和日本对外投资的增加。Itagaki（1981）研究发现，为降低汇率风险，本国企业倾向于在国外建立生产基地。Cushman（1985）认为预期母国货币升值将会降低本国投资者在东道国的生产成本，促进本国企业的对外直接投资，Campa（1993）和 Chakrabarti 等（2002）也对预期汇率的影响进行了相关研究。Sung 等（2000）发现汇率波动会使风险中性跨国公司增加将生产转移到低成本国家的机会，从而促进投资增加，因为汇率的高波动将增加对外投资的期权价值，并增强企业在当地的竞争优势。Schmidt 等（2009）则研究了汇率风险、实际汇率水平和预期汇率对美国对外投资的影响。

一些学者还对汇率与 FDI 流入进行了深入探讨。Froot 等（1991）、Blonigen（1997）都研究了其他工业国对美国的直接投资，认为美元贬值将引起外国增大对美国企业的并购和投资，只不过后者除强调汇率外，还强调了美国特定资产对外国并购方的吸引力。还有学者区分了直接投资的类型，如 Chen 等（2006）推导出东道国货币贬值会吸引成本导向型对外直接投资，但对市场导向型投资作用相反。

其次，一些学者将研究重点放在人民币汇率与中国直接投资的关系上。胡兵等（2012）基于我国对多国的对外投资数据，利用系统 GMM 模型进行了研究，发现人民币升值会促进我国对外直接投资，汇率波动的作用相反，而预期汇率的影响并不显著。还有学者研究人民币汇率与 FDI 流入的关系，如邱立成等（2006）认为，人民币贬值和汇率长期波动的降低都能促进 FDI 流入，但汇率的短期波动对 FDI 流入的影响并不显著。而孙霄翀等（2006）研究发现，人民币升值将促进市场导向型直接投资流入，抑制成本导向型直接投资，王自锋（2009）的结论则不同，认为人民币升值和扩大汇率波动对市场导向型 FDI 流入的影响较弱，但能促进出口导向型 FDI 流入。

第三，另有一些研究关注中国对东盟直接投资的影响因素，但将汇率因素作为主要影响因素的文献并不多，大多关注经济规模、资源、成本等其他因素。赵春明等（2011）认为我国对东盟直接投资同我国对东道国的出口、货币汇率和失业率呈负相关，与东道国的 GDP 等正相关，主要以市场导向型投资为主。史本叶等（2015）认为，实际汇率对我国对东盟直接投资有显著正影响。Buckley 等（2007）、项义军等（2015）的研究中并未关注汇率因素的作用。

尽管现有研究成果比较丰富，但是，一方面现有成果多以发达国家对外直接投资为研究对象，对发展中国家对外投资问题的关注相对较少，尤其是缺乏针对汇率因素与发展中国家对外直接投资关系的深入研究。另一方面，现有文献在研究我国对东盟直接投资的影响因素时，未对汇率因素给予足够的关注。因此，本文的创新意义在于，将研究重点放在汇率因素与我国对东盟直接投资的关系上。一是本文将借鉴已有研究成果，建立一个理论模型，在即期汇率、预期汇率、汇率波动三个层面，研究汇率因素对我国对东盟直接投资的影响作用机制。二是本文选取了 2005—2014 年数据进行实证分析，以验证汇率、预期汇率、汇率波动在我国对东盟的直接投资中的作用是否显著，是否符合理论模型的预测。最后，我们将在理论与实证研究的基础上提出相应的政策建议。

二、我国对东盟直接投资的现状及特征

（一）我国对东盟直接投资增速快

从图 1 可以看出，我国对东盟的直接投资流量总体呈现快速上升趋势，2003 年仅为 1.19 亿美元，2014 年，在全球对外直接投资下降约 16% 的背景下，我国对东盟的直接投资却同比增长了 7.5%。尽管我国对东盟的直接投资近年来增长显著，但是，与其他投资于东盟的经济体相比，仍只处于中等水平。2014 年，欧盟、东盟内部、日本、美国、我国对东盟直接投资比重在东盟吸收直接投资中的比重分别达到 21.5%、17.9%、9.8%、9.6%、6.5%，这与我国对东盟投资起步较晚有关，可见我国对东盟直接投资仍具有很大潜力。

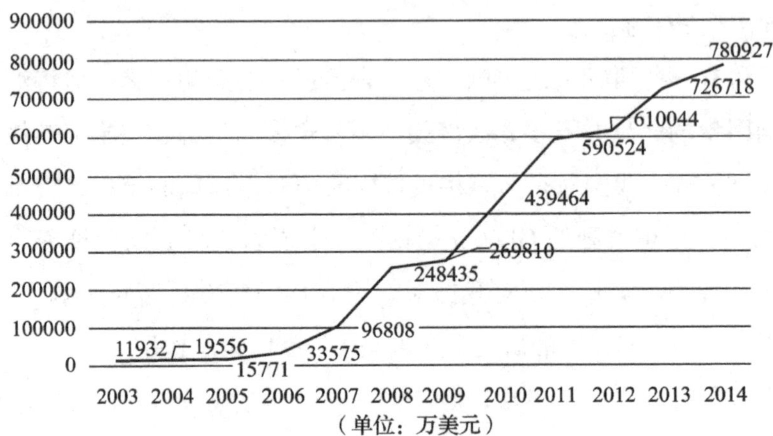

图 1　2003—2014 年中国对东盟国家投资流量

数据来源：中国对外直接投资统计公报 – 东盟（2014）。

（二）我国对东盟直接投资区位分布不均

如图 2 所示，2014 年，我国向新加坡、印尼、老挝和泰国四国的直接投资总流量达到 59.5 亿美元，占对东盟直接投资的 76%，其余六国占 24%，这主要与东盟各国经济发展水平、资源禀赋、双边汇率、国家政策及政治稳定等因素有关。

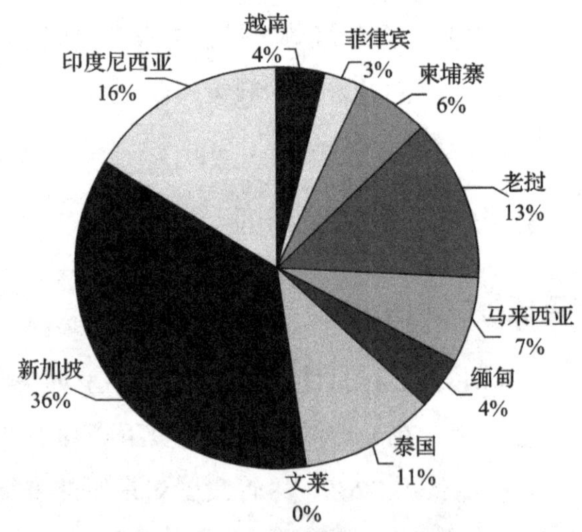

图 2　2014 年中国对东盟国家投资流量比例

数据来源：中国对外直接投资统计公报 – 东盟（2014）。

根据《中国对外直接投资统计公报》，2003—2014 年我国对东盟直接投资区位分布也不均衡。除了对文莱的直接投资一直处于较低的水平，我国对东盟其他国家的直接投资流量在过去十年里虽有一定波动，但总体趋势是显著增加的，其中我国对新加坡的直接投资一直居于首位。我国对印尼、老挝和泰国直接投资增长比较明显，对缅甸、马来西亚、柬埔寨、越南的直接投资也相对增长较快，但对菲律宾、文莱的直接投资还比较少。

（三）我国对东盟直接投资产业分布不均

根据《中国对外直接投资统计公报》，近年来我国对东盟直接投资的产业分布呈现出变化趋势，第一产业占比虽小，但有所上升，第二产业占比最大，总体上也在提高，第三产业占比有波动但在近两年呈现较大增长，并接近第二产业的总体水平。

如图 3 所示，以 2014 年为例，我国在东盟第一产业的直接投资，主要分布在印尼、老挝、柬埔寨，占比达 10%。在第二产业的投资多集中于采矿业、制造业、建筑业、电力、热力等行业，占比达到 46.6%，分布在缅甸、印尼、新加坡、泰国、越南等国。其中在制造业的投资多集中在服装纺织、家电制造、木材加工、电子、机械等劳动密集型的低附加值行业和生产环节，但对高新技术产业的投资并不多。在第三产业的投资占比达到 38.8%，主要集中于租赁、商务服务业、批发和零售业等传统服务业，分布在新加坡、老挝、菲律宾、印尼、泰国、马来西亚等国，另外对金融业也有一定投资，但对信息服务等高科技服务行业的投资还偏低。

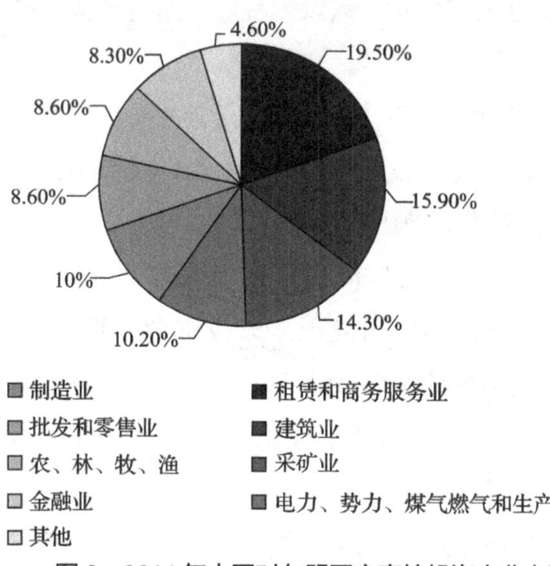

图 3　2014 年中国对东盟国家直接投资产业占比

数据来源：中国对外直接投资统计公报 – 东盟（2014）。

三、影响我国对东盟直接投资的主要因素

本文通过吸收以前学者的假设，把我国对东盟国家直接投资分为成本导向型和市场寻求型，构建了一个同时包含汇率水平、汇率预期及汇率波动的理论模型，而以往学者大多只对汇率这单一变量进行模型构造。与此同时，我们也将从理论层面分析汇率以外的其他有关因素对我国对东盟直接投资的影响。

（一）汇率对我国对东盟直接投资的影响

1. 模型假设

（1）参照 Cushman（1985）模型，假设世界上只有我国和东盟两个经济体，我国厂商在第一期对东盟进行直接投资并雇佣当地劳动力生产，在第二期出售产品。

（2）参照 Chen 等（2006）的扩展期权模型，假设对外直接投资厂商投资动机为降低成本或扩大海外市场，且成本导向型厂商会在第二期将产品以我国国内价格出售至我国本土，而市场寻求型厂商会将产品在东道国市场以东道国价格出售，然后再兑换成本币。为使模型简化，假设无税收、运费和贸易壁垒，货币转换成本为零且货币转换可立即实现。

（3）由于东盟国家劳动力充足，假设资本是其主要制约因素，这里我们可以参照邱立成等（2006）的研究，假定生产函数为资本和劳动比例固定的生产函数：$Q = L = K / K$，其中 k 为资本劳动比率且 $k > 0$。

（4）假定厂商所得利润 π 为厂商投资的净现值，且以所获利润的效用最大化为目标。总体来说厂商属于风险厌恶型投资者，其效用函数的表达式为 $U(\pi) = -e^{-\phi\pi}$，其中 ϕ 为风险厌恶系数，且 $\phi > 0$，此效用函数为凹函数，规定了此函数的风险厌恶性。该函数效用最大化方程为：$\max E[U(\pi)] = \max[E(\pi) - 1/2\,\phi\,Var(\pi)]$。

（5）假定我国在东道国的投资在第一期一次性投入，东道国工资水平、资本价格及汇率水平、汇率波动都是外生的，均不受我国对其直接投资的影响，产品

价格在两期之间恒定。这样厂商的成本就取决于东道国劳动力成本、资本成本和即期汇率，厂商的收入取决于产量、产品价格和预期汇率。

通过以上假设可看出，国内厂商将通过即期汇率、预期汇率、汇率波动幅度、东道国工资和资本价格来综合做出投资决策。

2. 模型构造

由模型假定可得出我国对东道国成本导向型和市场寻求型直接投资的基本利润方程分别为

$$\pi_c = \frac{PQ}{(1+i)} - e(wL + rK) \tag{1}$$

$$\pi_m = \frac{P^h Q e_f}{(1+i)} - e(wL + rK) \tag{2}$$

其中，π_i 为厂商利润，P 和 P^h 分别为国内和东道国产品价格，Q 为产出，i 为厂商融资成本，e 和 e_f 分别为直接标价法下的即期汇率和预期汇率水平，L 和 K 分别为耗用的劳动和资本，w 和 r 分别为东道国货币表示的劳动和资本的单位价格。我国对东盟的直接投资额 $I = wL + rK = (w + rk)Q$，可见投资额和产出线性正相关，为了计算简便，可以用产出代表直接投资额，这对我们的主要结论不会产生实质性影响。

假定我国对东盟的成本导向型和市场寻求型对外直接投资占比分别为 α 和 β，且 $\alpha + \beta = 1$。可得我国对东盟直接投资的利润方程：

$$\pi = \alpha\left[\frac{PQ}{(1+i)} - e(wL + rK)\right] + \beta\left[\frac{P^h Q e_f}{(1+i)} - e(wL + rK)\right] \tag{3}$$

由于我们假设生产函数为：$Q = L = K / K$，可以得到

$$\pi = \alpha\left[\frac{PQ}{(1+i)}\right] + \beta\left[\frac{P^h Q e_f}{(1+i)}\right] - e(wQ + rkQ)$$

由效用最大化方程可知：$U(\pi) = E(\pi) - 1/2\,\phi\,\mathrm{Var}(\pi)$，于是

$$U(\pi) = \alpha\left[\frac{PQ}{(1+i)}\right] + \beta\left[\frac{P^h Q e_f}{(1+i)}\right] - e(wQ + rkQ) - \frac{1}{2}\phi\left[\frac{P^h \beta}{(1+i)}\right]^2 Q^2\sigma^2 \tag{4}$$

由于厂商追求所获得利润的效用最大化，其一阶偏导条件为

$$\frac{\partial U(\pi)}{\partial Q} = \frac{(\alpha P + \beta P^h e_f)}{(1+i)} - e(w + rk) - \phi\left[\frac{\beta P^h}{(1+i)}\right]^2 Q\sigma^2 = 0$$

解得最优产出为

$$Q=\frac{\frac{(\alpha P+\beta P^{h}e_{f})}{(1+i)}-e(w+rk)}{\phi\left[\frac{\beta P^{h}}{(1+i)}\right]^{2}\sigma^{2}} \tag{5}$$

其中，令$M=\frac{(\alpha P+\beta P^{h}e_{f})}{(1+i)}-e(w+rk)$为我国对东盟直接投资的平均单位利润，可以代表我国相对竞争优势，且 M > 0 厂商才会进行直接投资。

显然，

$$\frac{\partial Q}{\partial M}=\frac{1}{\phi\left[\frac{\beta P^{h}}{(1+i)}\right]^{2}\sigma^{2}}>0$$

这表明我国的相对竞争优势上升会促进我国厂商对东道国的投资。

3. 模型结论

由（5）式我们可以推导出以下四个结论：

结论一：人民币相对东道国货币升值会刺激我国对其直接投资。

$$\frac{\partial Q}{\partial e}=\frac{-(w+rk)}{\phi\left[\frac{\beta P^{h}}{(1+i)}\right]^{2}\sigma^{2}}<0$$

上式表明，当人民币相对东道国货币升值时，即 e 减小时，Q 会增大。成本导向型对外直接投资的目的在于获取东道国廉价的劳动力和相对便宜的资源，从投资成本层面来看，当我国货币相对升值时，在东道国获取这些廉价资源的成本会降低，并使厂商利润增大，于是直接投资量将增加。从相对财富层面来看，我国货币的相对升值实质上使我国企业相对拥有更多财富，有利于进行跨国并购等业务。

结论二：人民币相对东道国货币汇率波动增加不利于我国对其直接投资。

由（5）式可知：投资的临界点为 M > 0，于是：

$$\frac{\partial Q}{\partial \sigma^{2}}=\frac{-M\phi\left[\frac{\beta P^{h}}{(1+i)}\right]^{2}}{\left\{\phi\left[\frac{\beta P^{h}}{(1+i)}\right]^{2}\sigma^{2}\right\}^{2}}<0$$

上式表明，当汇率波动增大时，即 σ^2 增大时，Q 会减小。我国金融工具和金融市场的不完善使得我国厂商不能很好地应对汇率波动，即便有金融工具可以帮助厂商规避风险，但汇率波动的加剧依然会使得厂商信息成本和交易成本加大，因此，风险规避型厂商自然会减少投资。

结论三：人民币相对东道国货币预期升值会阻碍我国对其直接投资。

$$\frac{\partial Q}{\partial e_f} = \frac{1}{\phi\left[\frac{\beta P^h}{(1+i)}\right]\sigma^2} > 0$$

由上式可以看出，当人民币相对东道国货币预期升值时，投资也会减少。这是由于如果人民币预期升值，东道国货币就相对预期贬值，东道国货币转换成人民币时我国对外直接投资厂商所获得的利润就会相对减少，市场寻求型厂商自然会把资金转移到能产生更多利润的项目上，减少对东道国的直接投资。

（二）其他有关因素对我国对东盟直接投资的影响

1. 劳动成本

从上一部分模型可以推导出：

$$\frac{\partial Q}{\partial w} = \frac{-e}{\phi\left[\frac{\beta P^h}{(1+i)}\right]^2\sigma^2} < 0$$

这表明，当东道国工资上涨时，即 w 增大时，Q 会减小。无论成本导向型还是市场寻求型直接投资，东道国劳动力价格都会对其产生直接影响。我国厂商对东盟的直接投资以劳动密集型产业为主，工资的高低对厂商的成本影响会更大，因此东道国工资增加会使得我国对东盟的直接投资减少。

一国的工资水平可以代表该国的劳动力成本，但由于一些东盟国家的工资数据不易获取，可以由各国的人均 GDP 来间接代表。新加坡和文莱 2014 年人均收入分别为 38087 和 25490 美元，属于高收入国家，劳动力成本相对较高，而其他东盟国家劳动力成本低于我国，可见，东盟多数国家较低的劳动力成本对我国企业的直接投资仍有一定的吸引力。

2. 市场规模

一国市场规模的扩大会提高一国的资源配置效率，同时也必然会给外国企业带来更多的投资机会，因此理论上东盟国家的市场规模扩大会正面影响我国在东盟的直接投资。通常一国的市场规模可以用该国的 GDP 来衡量。东盟各国 GDP 近年来总体处于稳步上升的状态，但发展不均衡。其中印尼经济总量远超其他成员国，占东盟总体 GDP 近 35%，新、马、泰、菲属于经济总量较大的国家，但其余几个国家经济总量相对较小。2014 年，文莱、印度尼西亚、马来西亚、菲律宾、新加坡、泰国六国的经济总量占东盟整体 GDP 的 89%。

3. 资源禀赋

一国资源禀赋多自然会吸引外国厂商进入。东盟拥有丰富的自然资源，是亚洲最大的石油区，已探明的矿产有金、汞、矾土、硅、锡、钾盐等。而我国需求量极大的资源如油气、铜、铝、钾盐、硅土等储量严重不足，这就使得东盟和我国在自然资源方面形成了互补。

四、汇率因素影响我国对东盟直接投资的实证分析

（一）模型建立

为了考察人民币相对东盟国家货币的汇率水平、预期汇率及汇率波动如何影响我国对东盟的直接投资，初步建立以下三个回归模型：

模型 A：$ofdi_{it} = \alpha_0 + \alpha_1 ex_{it} + \alpha_s x_{it} + e_{it}$

模型 B：$ofdi_{it} = \alpha_0 + \alpha_1 ex_{it} + \alpha_2 expectedex_{it} + \alpha_s x_{it} + e_{it}$

模型 C：$ofdi_{it} = \alpha_0 + \alpha_1 ex_{it} + \alpha_2 expectedex_{it} + \alpha_3 fluctuation_{it} + \alpha_s x_{it} + e_{it}$

参照孙霄翀等（2006）、胡兵等（2012）的研究，上式中，$ofdi_{it}$ 代表我国在第 t 年对第 i 个东盟成员国直接投资流量，ex_{it}、$expectedex_{it}$ 和 $fluctuation_{it}$ 分别代表人民币与东道国货币的双边实际汇率、预期汇率和汇率波动程度，x_{it} 代表三个模型共同的控制变量，e_{it} 代表残差。本文已将我国对东盟的直接投资分为成本导向型和市场寻求型，因此，一些关于生产资料成本和东道国市场需求的因素也应当考虑在内。基于前文我国对东盟直接投资的影响因素的分析，我们选取东道国与我国相对劳动力成本（$relativelc_{it}$）、东道国自然资源禀赋（$resource_{it}$）和东道国市场规模（$realgdp_{it}$）三个变量作为三个模型共同的控制变量。

（二）变量选取及来源

鉴于数据的可获得性，我们选用 2005—2014 年东盟国家中菲律宾、马来西亚、越南、泰国、新加坡、印尼和柬埔寨这七个国家的相关数据进行处理并建立面板回归模型，从 2014 年我国对东盟直接投资的数据来看，我国对这七个东盟国家的直接投资额占我国对东盟的直接投资总额超过 70%，所以具有很强的代表性。具体变量数据处理及来源如下：

1. 被解释变量

我国对东盟直接投资（$ofdi_{it}$）。本文选取我国对东盟七个成员国年直接投资流量来表示，为了模型的协整性，我们将被解释变量取对数值使其变为增长率形式，个别负数取对数值后无意义，我们将其舍去，不会对模型产生实质影响。数据来源：《中国对外直接投资统计公报 – 东盟》（2005—2014）。

2. 汇率变量

参照 Takagi（1991）的方法，选取人民币兑东道国货币的年度实际汇率作为汇率水平（ex_{it}），选取人民币兑东道国货币每年内月度汇率的标准差和偏度系数分别代表汇率波动程度（$fluctuation_{it}$）和预期汇率水平（$expectedex_{it}$），为了保证模型的协整性，我们将汇率变量取对数值。

（1）由于我国与东盟国家货币的官方双边汇率统计数据缺失，我们用直接标价法下人民币兑美元的官方汇率除以东盟国家货币兑美元的官方汇率，计算得出人民币兑东盟国家货币套算汇率，进而通过两国 CPI 指数换算出实际汇率。此汇率为直接标价法下汇率水平，值变小表示人民币相对升值，变大表示贬值。数据来源：世界银行 – 世界发展指标。

（2）依照胡兵等（2012）的方法，选取我国和东盟国家货币兑美元官方汇率的月度数据，用上述相同的方法计算出人民币兑东盟国家货币汇率的月度值，以每年内的月度汇率的标准差来度量年汇率波动水平。该值越大代表汇率波动幅度越大[①]。

（3）依照 Chakrabarti 等（2002）的研究，汇率围绕均值上下波动，偏度系数

① 数据来源：www.oanda.com/currency/average.

的值可以描述统计量偏离于均值的方向及程度。用每年内的月度汇率偏度系数来代表汇率预期。该值大于 0 代表人民币相对东道国货币有升值预期且随该值的增大而增大，若该值小于 0，情况则相反。

3. 其他变量

（1）东道国与我国相对劳动力成本（$relativelc_{it}$），依照以前学者采用的代理变量，采用 2005 不变价美元计量的东道国年人均 GDP 除以我国年人均 GDP 得到。该值升高表明东道国相对我国劳动成本升高，反之则下降。数据来源：世界银行 – 世界发展指标。

（2）东道国自然资源禀赋（$resource_{it}$），由于一国的自然资源出口与该国自然资源禀赋相关，考虑到各个经济体出口总量不同，用东盟各东道国矿石和金属出口占各国商品出口总量的百分比来表示该指标，该值越大代表东道国自然资源禀赋越多。数据来源：世界银行 – 世界发展指标。

（3）东道国市场规模（$realgdp_{it}$），东道国整体经济水平代表了东道国的市场规模。该变量用 2005 不变价美元计量的东道国实际 GDP 代表，值越大代表东道国市场规模越大，同样为保证协整性取对数。数据来源：世界银行 – 世界发展指标。

（三）假设检验及结果

首先，本文运用当今两种普遍的面板单位根检验方法（LLC 检验，费雪式检验）对数据平稳性进行检测①。检测均拒绝面板含单位根的原假设，认为面板为平稳过程。针对静态面板模型回归方法主要有三种，固定效应模型、随机效应模型及混合回归模型，我们首先要检验我们的变量适用于哪一种模型。由于面板回归中会有非均齐方差问题，而且截面之间也可能存在相关性，因此，我们也需要做相应的检验。

综上所述，我们的三个模型均存在异方差和序列相关问题，但不存在截面相关问题（见表 1）。这样我们下一步需要采用相应的方法来估计模型以去除异方差和序列相关的共同困扰。

① 备注：采用 LLC 对变量我国对东盟直接投资（$ofdi_{it}$）、双边汇率水平（ex_{it}）、汇率波动（$fluctuation_{it}$）、预期汇率水平（$expectedex_{it}$）进行检验，P 值分别为 0.0000、0.0030、0.0001、0.0000。用费雪式对上述变量进行检验，P 值分别为：0.0189、0.0197、0.0061、0.0038。

表 1　三个模型假设检验结果汇总

检验类别	检验项目	原假设	模型	检验值	结论
模型筛选	霍斯曼检验	固定效应和随机效应模型回归系数不存在显著差异	模型 A、B、C	Prob > chi2 = 0.0000	采用固定效应模型
	LR 检验	混合回归模型嵌套于固定回归模型	模型 A、B、C	Prob > chi2 = 0.0000	
组间异方差	xttest3 检验	同方差	模型 A、B、C	Prob > chi2 = 0.0000	存在组间异方差
序列相关	xtserial 检验	序列无关	模型 A 模型 B 模型 C	Prob > chi2 = 0.0158 Prob > chi2 = 0.0051 Prob > chi2 = 0.0054	存在序列相关
	abar 检验		模型 A 模型 B 模型 C	Pr > Z = 0.0236 Pr > Z = 0.0236 Pr > Z = 0.0264	
			模型 A 模型 B 模型 C	Pr > Z = 0.0017 Pr > Z = 0.0008 Pr > Z = 0.009	
截面相关	xttest2 检验	截面无关	模型 A 模型 B 模型 C	Pr = 0.1395 Pr = 0.1647 Pr = 0.1425	不存在截面相关
	xtcsd 检验（Friedman）		模型 A 模型 B 模型 C	Pr = 0.1177 Pr = 0.1762 Pr = 0.2437	

（四）回归结果及分析

在同时考虑异方差和序列相关因素时，经常采用的回归方法有两种，这两种方法都是采用一般的固定效应模型来估计系数，但针对标准差的估计要考虑到异方差和序列相关的影响。一种采用 Newey-West 方法估计标准误差，既去除了序列相关的困扰又得到了稳健的回归结果；另一种采用 xtscc 命令这种综合性的处理方法，对标准误差进行一般化而且稳健的估计方式。

回归结果显示，三个模型的 R 方值都在 0.6 以上，F 值也显著，说明模型整体是显著的（见表 2）。三个模型共同的控制变量即相对劳动成本、东道国资源禀赋、东道国经济发展水平在以上三个回归结果中均显著。这表明，东盟国家相对我国劳动成本每增加 1%，我国对东盟的直接投资将会减少约 0.4%，这与前面的理论分析结果相符。近年来我国劳动力成本提高较快，东盟国家相对廉价的劳动力促使我国许多劳动密集型产业向这些地区转移，这符合我国对东盟的直接投资动机。东盟自然资源每增加 1%，我国对东盟的直接投资会增加 0.36%，这也符合理论预期。东盟国家自然资源丰富且价格相对较低，可以降低厂商的生产成本，这也促进了成本导向型对外直接投资的流入。同时，结论还显示东道国经济发展越好，实际 GDP 越高，其投资回报一般相对较高，而且投资机会也会相对较多，因而越能吸引我国对外直接投资。

模型 A 的回归结果显示，人民币相对东盟国家货币升值 1% 会导致我国厂商对东盟的直接投资流量增加约 4%，这与前文理论部分预测相同。人民币汇率升值会导致我国对外直接投资厂商成本降低，从而增加期望利润；同时也意味着我国对外直接投资厂商的整体财富增加，而东道国资产相对价值下降，从而增加我国厂商的实际投资能力，因此将促进我国对东盟的直接投资。

为了研究预期汇率如何影响我国对东盟的直接投资，我们把模型 A 中的解释变量作为控制变量，在模型中加入预期汇率构造模型 B，发现预期汇率升值 1% 会导致我国对东盟的直接投资下降约 0.37%，这与我们的预测相符，主要因为预期汇率升值会导致市场寻求型对外投资厂商以人民币计价的利润减小。还可以发现，预期汇率的变化产生的影响相对较弱，这说明我国对东盟的直接投资以成本导向型为主，即期汇率升值带来的生产成本下降是促进我国企业对东盟直接投资的主要因素，这与理论分析部分结论相符。

为了研究汇率波动如何影响我国对东盟的直接投资，我们在模型 B 的基础上加入汇率波动这一变量构造模型 C，结果显示，虽然汇率波动回归结果与我们的预期符号一致，但结果并不显著。一方面，一些对外直接投资厂商为了躲避汇率波动、贸易壁垒等因素对出口的不利影响，可能把对外直接投资当作对外贸易的一种替代，这样就使汇率波动反而促进了对外直接投资。另一方面，人民币并没有完全市场化，其波动幅度在一定程度上受到货币当局的调控，而且东盟国家汇率波动也会因货币兑换问题有不确定性。上述原因可能导致该变量不显著。

表 2　三个模型回归结果比较

	模型 A			模型 B			模型 C		
	Fixed effect	N.W.	xtscc	Fixed effect	N.W.	xtscc	Fixed effect	N.W.	xtscc
ex	–4.157*** (1.324)	–4.157** (1.587)	–4.157*** (0.755)	–4.301*** (1.305)	–4.301*** (1.572)	–4.301*** (0.910)	–4.211*** (1.316)	–4.211** (1.593)	–4.211*** (0.989)
expectedex	—	—	—	–0.366* (0.213)	–0.366* (0.198)	–0.366* (0.207)	–0.378* (0.214)	–0.378* (0.197)	–0.378 (0.204)
fluctuation	—	—	—	—	—	—	–0.404 (0.551)	–0.404 (0.479)	–0.404 (0.276)
relativelc	–0.376** (0.143)	–0.376*** (0.117)	–0.376*** (0.077)	–0.396*** (0.141)	–0.396*** (0.116)	–0.396*** (0.084)	–0.379** (0.143)	–0.379*** (0.125)	–0.379*** (0.131)
resource	0.363** (0.138)	0.363*** (0.122)	0.363** (0.132)	0.370*** (0.136)	0.370*** (0.123)	0.370** (0.130)	0.366*** (0.137)	0.366*** (0.125)	0.366** (0.141)
realgdp	0.246*** (0.057)	0.246*** (0.056)	0.246*** (0.028)	0.250*** (0.056)	0.250*** (0.057)	0.250*** (0.029)	0.254*** (0.056)	0.254*** (0.058)	0.254*** (0.029)
cons	–14.785*** (3.890)	—	–14.785*** (2.812)	–15.301*** (3.839)	—	–15.301*** (3.319)	–15.208*** (3.856)	—	–15.208*** (3.427)
R^2	0.632	0.632		0.649	0.649		0.653	0.653	
F	25.285	30.027	26.695	21.488	23.144	51.918	17.854	20.032	74.103

Standard errors in parentheses, * $p < 0.1$, ** $p < 0.05$, *** $p < 0.01$。

此外，为了进一步检验回归结论的稳健性，我们将我国对东盟直接投资的一阶和二阶滞后项（ofdi_lag1 和 ofdi_lag2）作为工具变量，采用差分 GMM 动态面板模型对模型 A、B、C 进行稳健性检验。对比表 2 与表 3 的回归结果，我们得到相似的结论。其中汇率水平、汇率波动和预期汇率波动的系数符号和本文模型的预测一致，进一步验证了模型的有效性。同时，表 3 中 ofdi 的一阶和二阶滞后项均为负数，且一阶滞后显著。在 A、B、C 三个模型中，模型估计结果与我国对大部分东盟国家直接投资数据的变动趋势一致，即当期投资显著增加会导致下一期投资大幅度减少。

表 3　差分 GMM 动态面板模型估计结果

VARIABLES	模型 A	模型 B	模型 C
ofdi_lag1	−0.505***	−0.411***	−0.394***
	(0.145)	(0.147)	(0.150)
ofdi_lag2	−0.352**	−0.269*	−0.242
	(0.147)	(0.148)	(0.153)
ex	−1.152*	−1.359**	−1.312**
	(0.605)	(0.597)	(0.608)
expectedex	——	−0.404**	−0.404**
		(0.182)	(0.186)
fluctuation	——	——	−0.487
			(0.857)
relativelc	−0.597***	−0.530***	−0.519***
	(0.118)	(0.116)	(0.120)
resource	0.769	0.630	0.636
	(0.544)	(0.533)	(0.543)
realgdp	0.151***	0.151***	0.146***
	(0.256)	(0.248)	(0.247)
Constant	−12.868	−18.924**	−18.035**
	(8.748)	(8.893)	(8.984)
Wald chi2	99.93	104.25	94.31
Prob > chi2	0.000	0.000	0.000

Standard errors in parentheses，*** $p < 0.01$, ** $p < 0.05$, * $p < 0.1$。

五、结论与建议

（一）主要结论

1. 人民币相对东盟国家货币升值会促进我国对东盟的直接投资

人民币相对东盟国家货币升值一方面会使对外直接投资厂商投资和生产成本

降低，投资回报率提高；另一方面会使厂商相对财富增加，使重组并购等业务变得相对容易，因而人民币升值会促进我国对东盟的直接投资。

2. 预期汇率升值会阻碍我国对东盟的直接投资

预期汇率升值会导致市场寻求型对外投资厂商以人民币计价的利润减小，减弱厂商对外直接投资的动力。但预期汇率的影响比即期汇率的影响小，这表明我国对东盟直接投资的厂商以成本导向型为主，投资成本下降是影响我国对东盟直接投资的重要因素。

3. 汇率波动并不显著影响我国对东盟的直接投资

虽然理论上汇率波动会负面影响我国对东盟的直接投资，但实际上一些厂商为了躲避汇率风险，可能会把对外直接投资作为出口替代，所以汇率波动反而会促进这类直接投资厂商进行投资，同时人民币汇率波动幅度与货币当局的政策有关，这些因素导致汇率波动的影响并不显著。

4. 东盟国家劳动成本、资源禀赋和经济水平显著影响我国对东盟的直接投资

东盟国家相对劳动成本、资源禀赋和经济发展水平都显著影响我国对东盟的直接投资。这也表明了我国对东盟的直接投资主要是以成本导向型为主，在东道国投资的成本高低是影响我国企业对其直接投资决策的重要因素。

（二）政策建议

东盟是我国主要的直接投资目的地，汇率变化将直接影响我国对该区域国家的直接投资活动。在人民币市场化、国际化的背景下，为了消除直接投资中汇率变动产生的不利影响，提高企业对东盟投资的积极性，保障企业在投资中的利益，除货币当局要注意在可能的范围内调整汇率变动的幅度和节奏外，我们还应该关注以下两个方面。

从企业层面看，要积极防范和应对在东盟投资经营过程中汇率变动带来的潜在风险。一是企业可以积极寻求亚投行、丝路基金的帮助，拓宽融资渠道。二是建议企业采用套期保值的金融工具，如远期外汇合约、利率掉期合约、期货合同等，降低企业发生利益损失的可能性。三是建议企业在收到当地货币时可以直接用其进行资产配置，也可发挥当地融资工具在配置中的作用。四是鼓励企业在当地进一步增加人民币结算的比例。

从产业层面看，政府部门要加强对企业在东盟的直接投资活动进行引导和监测，控制汇率风险，合理化投资流向。一是鼓励企业把产能过剩产业向一些欠发达东盟国家进行转移，但也要注意对这些产业的监测，尽量避免汇率变动带来的不必要损失。二是鼓励企业对东盟国家的直接投资要逐步从附加值低的产业转向高科技行业。比如，可以适当加强对新加坡和马来西亚高新技术产业的投资。三是要抓住“一带一路”、中国—东盟自由贸易区等支持和政策优惠，扩大企业在东盟高端制造业和服务业的投资。

事实上，在我国与东盟国家投资贸易活动日益紧密的同时，近几年双方在货币结算、银行间清算、融资、离岸金融市场发展等方面已取得了比较大的进展。东盟是我国跨境人民币贸易结算的首批试点地区之一，目前人民币在当地的使用程度正在加速提高，同时，人民币在东盟的投资渠道正在拓宽，融资功能也逐渐强化，比如我国已经在新加坡试点推行跨境贷款、发债等，而且约半数东盟的央行都已经将人民币纳入了外汇储备，我国还与多个东盟国家签订了双边本币互换协议。这些方面的快速发展将进一步降低汇率变动给直接投资活动带来的不确定性和影响，促进我国企业对东盟的投资。

第 二 部 分

“人类命运共同体”带来的新发展机遇

丝绸之路陆港建设对国内节点城市经济增长的影响[①]

一、绪论

（一）研究背景

国际陆港（也称“无水港”“内陆港”）是指具有口岸功能，但位于内陆地区不沿水的港口。国际陆港的建设促进了内陆城市外向型经济的发展，同时对于沿海港口向内陆地区扩大腹地和货源具有重大意义，因此我国各省市积极布局陆港建设。但由于陆港相关理论尚未形成完整体系，实践中的陆港建设对经济增长的促进作用究竟多大并不明确，因此，从理论和实证角度共同研究陆港建设对经济增长的影响，对于提高陆港建设的认识、促进陆港建设推动经济水平提高有重要意义。

1.“丝绸之路经济带”战略的提出

西汉年间，张骞受命自首都长安（今西安）出使西域，打开了中国与中西亚乃至欧洲的贸易往来大门，这条自西安开始，经甘肃、新疆、中西亚，到地中海沿岸国的贸易之路最初主要以中国的丝绸贸易为主，故史称“陆上丝绸之路”。这条通道一直是古代中国与西方世界贸易、文化交流的主干道，是西方人探索东方秘密的必经之路，后随着海上交通的兴起、明清时期实行闭关锁国政策等多方原因，陆上丝绸之路逐渐没落，淡出了中国的外交舞台。

随着工业革命的兴起，亚欧之间的交通不再局限于过去的骆驼、马车等耗时

① 其他合作者：秦玉，女，硕士，就读于北京外国语大学国际商学院。

长、效率低的原始交通工具，铁路运输成为可能。自 19 世纪起，把亚洲和欧洲连接起来的铁路线——亚欧大陆桥陆续开始修建，至今已经有 3 条线路运行。第一亚欧大陆桥即著名的西伯利亚大陆桥，以东边俄罗斯海参崴为起点，经我国哈尔滨、齐齐哈尔直至满洲里出境后到俄罗斯莫斯科，再联接到欧洲国家，最后到荷兰鹿特丹；第二亚欧大陆桥是由我国陇海铁路、兰新铁路及哈萨克斯坦铁路组成的铁路线，以东边的江苏连云港为起点，经过河南、陕西、甘肃、新疆，由新疆阿拉山口出境后至哈萨克斯坦，再联接欧洲各国，最后达到荷兰鹿特丹，这条路线与古代丝绸之路有所重叠，故称“新丝绸之路”，重新联接了我国与中西亚及欧洲；第三条亚欧大陆桥则由重庆始发，经兰州、乌鲁木齐后与第二亚欧大陆桥一样从新疆阿拉山口出境至哈萨克斯坦，然后到达欧洲各国。

亚欧大陆桥虽然重新联接了我国与欧亚各国，但自 1990 年运行开始，经常遇到“通而不畅”的问题，原因包括：一是沿线各国的经济、文化、社会发展水平参差不齐，虽然路线通了，但铁路站的建设、运营水平不一，影响铁路的顺利运行；二是没有统一的贸易、交通规则，沿线国家各自为政、缺乏沟通交流，阻碍了铁路线的通畅运行。

随着经济全球化，各国加强合作是大势所趋。亚欧沿线地域辽阔，并富有能源、矿产、土地等资源，如中亚地区拥有富足的原油、天然气资源，但中西亚及东欧地区交通水平有限、经济发展水平两极分化严重。因此，如果能够加强与沿线各国的合作，发挥我国在技术、资金、产能等方面的优势，充分利用这些国家的丰富资源，能够实现优势互补，从而达到互利共赢的局面。

我国一直在积极倡导与亚欧各国的合作。2013 年 9 月，国家主席习近平提出了建设“新丝绸之路经济带”的倡议。2015 年 3 月，国家发改委、外交部、商务部联合发布了《推动共建丝绸之路经济带和 21 世纪海上丝绸之路的愿景与行动》，提出了政策沟通、设施联通、贸易畅通、资金融通、民心相通五项主要内容，其中“设施联通”强调沿线基础设施网络建设、促进国际多式联运衔接、推动统一交通运输规则形成等，为亚欧大陆联结的通畅运作提供了保障。

2.“丝绸之路经济带”沿线省市纷纷建设“国际陆港”

丝绸之路经济带主要以中国西部、内陆中部和东北部城市为主，这些城市均处于亚欧铁路沿线上。改革开放以来，东部城市凭借沿海的地理优势发展外向型经济，率先富裕了起来，而中西部内陆城市、东北部城市虽然拥有富饶的自然资源和厚实的工业基础，但交通不便利、贸易不发达，经济发展水平提升较慢。

进入21世纪以来，我国内陆省市陆续将交通基础设施建设列为重点，以改善闭塞的交通情况，从而更好地开展贸易，尤其注重与境外铁路的互通互联，发挥内陆地区的区位优势，将沿海港口的货物通过铁路线运往欧亚地区，促进国际物流运输的发展。国际物流由运输工具、运输线路、运输港口、运输制度和管理人员组成，五位一体，缺一不可（席平，2007）。而运输港口更是起着关键作用的联接节点，因此我国很多省市开始建设“国际陆港”，提供高效的通关、多式联运及物流配套等服务，以提高物流效率、降低物流成本，从而促进区域经济贸易的发展。“一带一路”，尤其是其中的“新丝绸之路经济带”构想为我国内陆地区发展提供了更多的政策、资金和技术支持。

（二）研究现状

陆港在国外实践中出现得很早。早在1991年，联合国贸易与发展会议就编写了《无水港的运营与管理手册》，无水港被定义为“与海港相连接但位于内陆地区，能够处理和短暂存储各类转关或过关货物的货物转运站，且设有海关和代理公司提供仓储、再出口、临时许可等清关服务。”该手册仅从实践角度来规范无水港的运作，而陆港相关的理论研究则出现于2002年，Leveque和Rosa对无水港的概念和无水港与沿海港口的关系进行了研究。

国内对陆港的研究出现在2001年，席平在《建立中国西部国际港口——“西安陆港”的设想》一文中首次提出了“陆港”的概念，随后国内开始对“陆港”“无水港”的概念和相关理论进行研究。对国内关于国际陆港的研究做一个数据统计：至2017年12月，在中国期刊网（CNKI）上检索国际陆港相关文献时，文献标题中含有“陆港”“无水港”的数量变化情况如图1所示。

可以看出，近十年国内对于陆港的研究文献数量激增。

目前，陆港相关理论研究还不够深入，没有形成完整的基础理论体系。根据对相关研究的整理与总结，目前国内外对陆港的研究集中于以下几个方面：

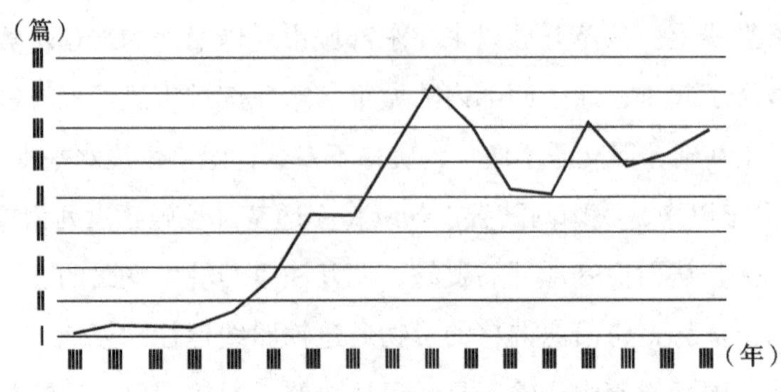

图 1　2001—2017 年国内对国际陆港研究文献数量变化图

1. 陆港基本概念内涵和功能定位

Leveque 和 Roso（2002）认为陆港是位于内陆地区、与海港以铁路连接的多式联运终端，同时陆港具有与海港一样的功能。Woxenies（2004）认为陆港与铁路终端不同，功能较铁路终端更多。Andrius Jaržemskis（2007）认为陆港是通过铁路或公路通道服务于一个或多个海港，并提供往来转运目的地和本港之间专业服务。针对陆港功能，Rosa 等人（2008）认为陆港除了基本的货运中转站功能外（如货物转运、装箱、仓储、配送等），还包括集装箱维护、清关以及其他消费者需要的增值服务等。

国内最先提出陆港概念的是席平（2001），他把“国际陆港”定义为是适应国际贸易的需求，依照有关条约或法令在内陆设立对外开放的陆港，是内陆交通运输直接通往国际港口的枢纽。朱长征（2011）认为国际陆港具有以下 4 个特征：一是地处内陆无水地区；二是能方便地办理通关手续；三是沿海或沿边口岸功能在内陆的延伸地；四是与沿海或沿边口岸具有方便快捷的运输通道。叶龙（2005）、王凤山（2011）等人认为陆港的功能包括：港口延伸功能（集装箱存储、货物仓储、货代等）、电子口岸功能、海关监管堆场功能、快运列车功能等。

2. 陆港的作用与必要性

国外大多相关文献都认为陆港是海港作用在内陆地区的延伸，以减轻海港区域拥堵程度、节约成本和提高竞争力（Roso, 2009；Vervest Li, 2009；Nazery 等，2012）。

光一（2007）认为海港和无水港合作可以减少运输时间和费用，从而提高海港的竞争力，同时也可以加快内陆城市对外开放的步伐。席平（2007）从国家利益（内陆地区外向型经济发展）、内陆城市利益（打开制约内陆国际贸易发展的瓶颈）、投资商利益（内陆劳动力、土地等成本优势）、公众利益（增加就业）、沿海港口利益（拓展腹地和货源）多个角度分析了建设陆港的必要性。朱长征（2011）认为发展国际陆港能够促进内陆地区发展外向型经济、为内陆地区承接东部地区产业转移打下基础、推动临港产业发展和促进物流资源整合。

3. 陆港形成动因

朱长征（2009）认为国际陆港形成的内因是：国际物流有关的物流企业、海关、检验检疫等机构地集聚能带来的物流成本的降低，以及物流速度的增加和物流服务水平的提高，外因是内陆地区外向型经济快速发展的需要、沿海港口激烈竞争的产物。

张兆民（2010）从动力学角度对内陆无水港形成的内在规律进行了探索，提出内陆无水港的形成和发展是需求性动力（国际集装箱物流发展的客观要求）、适应性动力（海港区域化发展的需要）和推动性动力（船舶大型化的发展）三股动力共同作用的结果，是内陆集装箱运输发展的必然结果。

张登健、唐秋生（2013）认为内陆无水港发展的动力源是：全球经济一体化和世界经济的快速发展、港口为提高竞争力而提高通关效率、船舶大型化发展、国际集装箱运输的快速发展、国家实施的中部崛起、西部大开发战略及“一带一路”倡议、解决内陆地区运输体系布局不合理、效率低下的物流结构问题等。

4. 陆港建设对于经济增长的影响

目前针对陆港的研究大多属于物流学范畴，而关于陆港建设对经济增长影响的文献研究较少。

国外文献在这一领域的研究较少，陆港的建设与基础设施建设密切相关，国外文献对于基建与经济增长促进方面的研究较多。基础设施存在外部溢出效应，许多学者都证实了基础设施存在对经济增长的正外部溢出效应（Romer，1986；Lucas，1988；Barro，1990）；Banister 与 Berechman（2001）以 10 个发达国家为样本，通过实证分析投资数量、经济的外部性和政府公共政策是基础设施投资带动国家经济增长需要的三个前提。

国内的文献也主要集中于基础设施建设对于经济增长的促进作用，许多学者都论证了交通基础设施对经济增长的溢出效应（胡鞍钢、刘生龙，2010；张学良，2012；李一花，2018），王辰（2000）论述了基础设施对经济的作用机制，指出落后的基础设施是制约当前部分区域经济发展的主要原因。李梅（2009）研究了基础设施投资与经济增长的相互作用关系。

近两年，在“一带一路”的背景下，国内有学者开始研究陆港建设对于区域经济贸易的促进作用，但相关研究较少。李忠民等（2011）运用空间计量方法研究“新丝绸之路”上交通基础设施的空间溢出作用对经济增长的影响。刘晓雷（2016）以西北陆港为切入点，研究陆港建设对丝绸之路经济带区域贸易的影响。

（三）研究内容与研究方法

本文以我国丝绸之路经济带上的节点城市为研究对象，研究其陆港建设对于地区经济增长的影响，将主要围绕以下几个问题展开：①陆港建设对于经济增长的作用机制是什么？②陆港建设与经济增长的动态关联性如何？③陆港建设对经济增长的促进作用有多大？

基于上述研究问题，本文研究内容及方法如下：

首先，通过梳理文献来梳理陆港相关基本理论，包括陆港的概念、陆港的分类和形成动因，以更好地了解陆港内涵，为研究陆港建设对经济增长的影响打下理论基础。

其次，主要描述国内外陆港发展状况以及我国丝绸之路经济带上节点城市的陆港建设情况，以确定本文主要的研究对象。

再次，基于区域经济发展理论和交通基础设施的溢出效应，对陆港建设与经济增长之间的关系进行定性研究，为第五章的实证研究打下理论基础。

然后，从实证角度研究陆港建设与经济增长的动态关联性，基于面板数据对丝绸之路经济带上的19个城市的陆港建设与经济增长的关系构建面板向量自回归模型，通过格兰杰因果关系检验、脉冲响应模型来分析两者之间的动态关联性。同时引入更多控制变量（对外开放程度、劳动投入、财政支出、投资、产业结构和人力资本变量），以及陆港特征变量来进一步测算陆港建设对经济增长的促进作用。

最后，基于本文研究的局限性和不足之处，针对陆港建设的研究提出了进一步研究展望。

（四）本文的创新点

首先，本文充分利用陆港相关理论、区域经济理论、基础设施的溢出效应来分析陆港建设对经济增长的影响机制，从经济学的角度对陆港建设进行探究，同时也丰富了区域经济理论。

其次，本文研究对象不仅限于西北传统陆港，而是将丝绸之路经济带上四条经济走廊（中蒙俄、新亚欧大陆桥、中国—中亚—西亚、中国—中南半岛）及其辐射区域所涵盖的境内节点城市都纳入研究对象，扩大了研究范围。

最后，实证研究方面，本文不仅研究了陆港建设与经济增长之间的动态关系，同时引入了若干陆港特征变量以研究由陆港建设带来的对经济增长的促进作用。

二、陆港相关理论研究

（一）陆港的概念

国内外对陆港的研究中尚无形成统一明确的陆港定义，各国根据国情赋予了陆港相近的内涵，但仍存在一些区别。欧洲国家更强调“dry port”与海港有便捷的铁路通道连接，瑞典学者 Leveque 和 Roso（2002）认为陆港是位于内陆地区、与海港以铁路连接的多式联运终端。虽然欧洲铁路发达，但海港到内陆的运输以公路为主，而公路运输比起铁路来说对环境的伤害更大，因此欧洲倡导以铁路代替公路。美国由于具有发达的海铁联运系统，因此更强调陆港的功能性，美国将陆港称为“inland port”，美国集装箱协会将陆港定义为处于内陆、远离海港的集装箱设施，为进出陆港的集装箱提供装卸、仓储等服务。在亚非国家，陆港的概念与多式联运相关，无缝衔接的多式联运终端对于内陆国家的发展十分关键（Violeta Kent，2010）。与欧美国家相比，亚非内陆国家的陆港与海港的距离要更远。

总结国内外相关研究中的定义，陆港应具备以下几个基本特征。

（1）位于内陆无水地区。

陆港与海港、空港的名字对应，是指货物在陆地上装卸、运输，口岸不沿海、不沿江，而是处于内陆无水地区。内陆无水区包括西安、郑州、成都这样不靠水的内陆城市，也包括像大连、深圳这样这类沿海城市不靠近海的区域（朱长征，2010）。

（2）依照有关国际运输法规、条约和惯例设立。

陆港必须是依照通用的国际运输条例或惯例建立的，能够直接融入国际运输网络、开展国际物流业务。如不能与国际运输规则接轨，则只是转运站、堆场。

（3）具备港口的基本功能。

与海港相比，陆港除了不具备装卸船功能外，其他功能相同。包括：①货物转运、装箱、仓储、配送等基本物流服务功能；②货代、船代、金融、商贸等商业功能以更好地满足陆港客户需求，提供与海港一样便捷的商业服务；③与海港统一联网的电子数据交换（EDI）、管理信息系统等增值功能以更好地管理订单、追踪集装箱和车辆；④设置海关、动植物检疫、商检、卫检（"一关三检"）等监管机构为客户提供通关服务内陆口岸功能。

（4）具备方便通畅的运输通道以实现多式联运。

陆港作为国际物流体系的一个关键节点，只有具备方便、通常、快捷的运输通道才能更好地发挥作用。陆港作为海港在腹地的延伸，首先必须具有通畅的海铁、海公联运系统；其次，为了更好地发挥国际物流运输的作用，应该与国际港口建立便捷的陆路运输通道。多式联运系统的通畅运作是陆港发挥作用的前提。

（二）陆港的分类

1. 按陆港地理位置不同分类

Beresford（2012）等人把我国的陆港按照地理位置分为三类：基于海港建设的陆港、基于城市建设的陆港以及边境陆港。三种不同类型的陆港在服务功能、所处经济环境以及所面对的制度挑战方面不尽相同。

（1）基于海港建设的陆港。

该类型陆港建在海港附近，主要的功能是代替海港进行预清关。这一类型的陆港受到当地和区域政府的大力支持，并向大型综合物流园区方向发展，从而更好地带动当地经济的发展。

石家庄作为华北地区重要的工业城市，承接了天津港在内陆地区的延伸功能，以更好地服务华北省份的出口商，陆港建设受到了中央、地区政府的大力支持，并将成为华北地区的一个经济增长极。

（2）基于城市建设的陆港。

该类型陆港主要位于我国中西部，是基于附近城市经济增长的需要而建立的。除了传统的进出口业务外，陆港不再局限于货物转运功能，而是发展成为集聚供应链上下游厂商的大型综合物流园区。虽然离海港较远，但在各地政府的沟通下，中西部陆港陆续与沿海港口建立战略合作关系。当地政府把陆港建设视为区域经济发展战略。西安港就是典型的例子。

（3）边境陆港。

该类型陆港主要位于我国西部边境区域，其距离海港很远（大于2000公里），通常毗邻俄罗斯、中亚、西亚和东南亚区域，主要起联结不同交通运输方式（以公路和铁路为主）的作用。由于基础设施不完善、陆港运营效率低下以及缺乏政府资金支持等原因，该类陆港难以吸引私人投资者的投资，因此陆港发展对于促进地区贸易，从而促进经济发展的作用并不明显。

云南昆明陆港建设在这方面起到了表率作用，受到当地政府的大力支持，但由于缺乏政府的科学规划，陆港自身竞争力较弱。

2. 按陆港与海港距离远近分类

Rosa（2008）将陆港按照与海港距离的远近不同分成了三类：远距离陆港、中等距离陆港以及近距离陆港。三种不同类型的陆港在定位、功能、服务方面各不相同。

（1）远距离陆港。

远距离陆港是指将陆港建在离海港较远的内陆地区，并通过铁路将双港联接，这也是三种类型中最为传统的陆港形式。这类陆港带来的好处是，首先，在远离海港的区域设立陆港，可以一定程度上分散海港交通压力，减轻港口交通堵塞，同时也更环保，货物到达海港后若均通过公路运输到目的地，则经常造成海港附近交通堵塞，同时对环境的伤害较铁路也更大。其次，铁路运输（当运输距离大于500公里时）可以带来规模经济效应，从而降低物流成本、提高物流效率，在欧洲，一辆火车的运输能力可以替代35辆货车，在美国则可以替代100辆。

位于我国中西部的郑州港、西安港距东部海港距离都在1000公里以上，属于这类远距离陆港。美国 Joliet-Elwood Centerpoint 联运中心是北美最大的内陆港，通过铁路网络，覆盖距离超过1000公里的美国东西海岸所有主要港口。

（2）中等距离陆港。

中等距离陆港则建在海港和远距离陆港之间，提供中转服务，以铁路相连。该类型陆港的益处与远距离陆港类似，主要服务类型是那些运输距离相对近一些的货主。从成本角度考虑，自海港运输和自陆港运输至目的地的成本是差不多的，但海港较陆港更交通拥挤一些，因此货主会更偏向陆港。

美国 Virginia 内陆港距离 Virginia 港口所在主干道330公里，作为港口在内陆的延伸，提供一切与港口相同的服务，包括“一关三检”，从而分散港口拥堵的交通。

（3）近距离陆港。

近距离陆港一般建在海港附近的内陆地区，充当海港货物集散地的作用。进口货物运送到海港后直接通过铁路接驳车运送到陆港，再在陆港进行过关、装卸等流程（出口货物相反）。这一做法旨在减轻一些海港由于土地面积有限、运营能力不足而造成的港口堵塞问题。

近距离海港一般位于我国华北、华东临海省份，是临近海港的货物集疏地，是海港功能的完善和补充，是国际物流与国内物流的衔接地（苟辰楠，2011）。

（三）陆港的形成动因

陆港在国外出现的时间较早。19世纪60年代，随着集装箱运输的大力发展，使得海陆联运成为可能，大大提高了物流效率，内陆地区纷纷建立集装箱中转站（Inland Container Depot）以推动海陆联运的发展。同时，海港竞争加剧、腹地面积有限等因素限制了港口的快速发展，于是海港纷纷向内陆地区拓展腹地以提高自身竞争力。

我国陆港的形成动因与国外陆港类似，但也存在基于国情的特殊性，除了出于沿海港口自身发展的需要外，还与我国内陆地区发展外向型经济、我国完善国际物流体系的需要有关。

1. 沿海港口自身发展的需要

从港口吞吐量角度来看，我国港口在全球港口行业中地位重要，2016 年，全球货物吞吐量排名前 10 名的沿海港口中，中国内地有 7 个港口上榜。2010 年以来，我国港口吞吐量持续增长，但增速逐渐放缓。2016 年，我国沿海规模以上港口[①]实现货物吞吐量 81.1 亿吨，同比增长 3.4%，增速较 2010 年 15.3% 下降了近 12 个百分点（见图 2）。原因之一是世界和我国经济增长放缓，受经济危机冲击，全球经济形势持续低迷，世界各国平均生产总值低速增长，我国正处于经济结构调整期，国内生产总值增速趋缓；原因之二是国际贸易需求受到全球产能过剩、消费需求不足等因素影响依旧复苏无力。

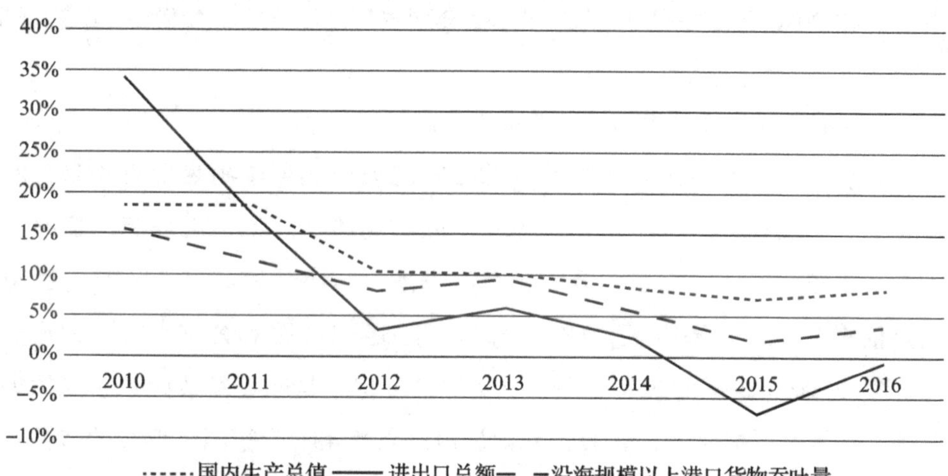

图 2 2010—2016 年我国国内生产总值、进出口总额及沿海规模以上港口货物吞吐量增速（%）

数据来源：中国国家统计局。

从港口行业整体供需的角度来看，虽然贸易需求缩减，港口吞吐量增速下降，但港口的吞吐能力仍保持匀速扩张态势。除 2016 年港口扩张态势有所收敛外，2016 年以前沿海规模以上港口的码头长度及泊位个数分别保持 4% 和 2% 左右的增速（见图 3）。港口行业的供需失衡加剧了区域间港口竞争。

① 规模以上港口的统计范围为年通过能力在 1000 万吨以上的沿海港口和 200 万吨以上的内河港口，以及从事外贸、集装箱装卸的港口

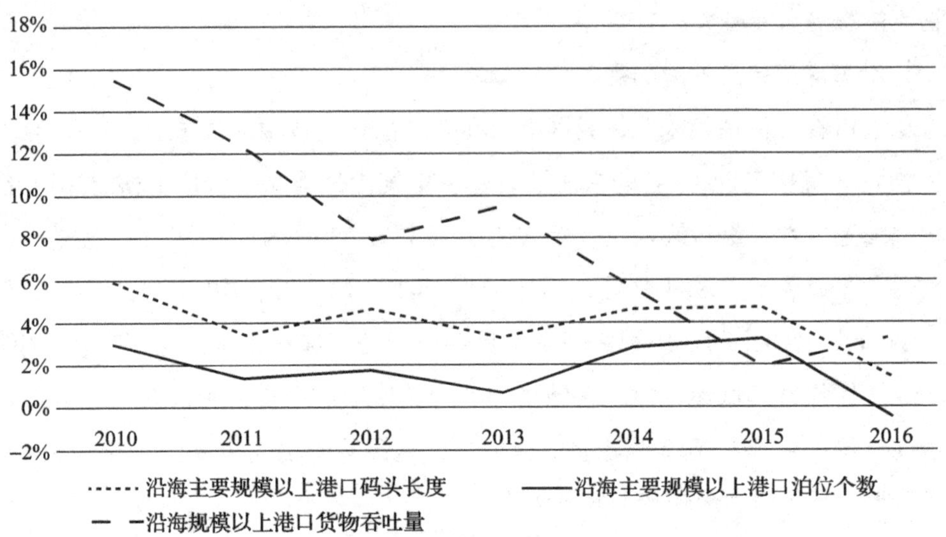

图3　2010—2016 年我国沿海主要规模以上港口码头长度、泊位个数、货物吞吐量增速（%）

数据来源：中国国家统计局。

2. 与陆港合作是提高港口效益的重要途径

从供给角度来看，我国沿海港口的吞吐能力虽然可以满足现有需求，但其集疏运系统不发达，影响了港口物流服务效率与质量。集疏运系统包括海上运输、港口装卸、内地运输三个环节，在沿海港口与内陆地区这一环节的运输目前主要依靠公路，效率较低，成本较高。与海公（海路和公路）联运相比，海铁（海路和铁路）联运的效率更高、也更绿色环保，是欧美发达国家主要的集疏运方式，如美国洛杉矶港，其海铁联运量占比高达 43%，德国汉堡港的海铁联运比例也高达 30%，但我国海港中占比最高的大连港也仅占 4.5%（航运交易公报，2014）。因此，与陆港建立合作关系，提高海铁联运比例、改善港口的集疏运服务效率，从而为客户提供专业的一条龙物流服务，这是提高港口的竞争力的重要途径。

从需求角度来看，国际贸易疲软影响了对港口行业的需求，而将港口功能延伸到内陆腹地城市，以更好地服务当地客户，从而获取更广阔的货源，可以弥补需求不足的问题。我国内陆省市如陕西、青海、宁夏等地以工业、制造业生产为主，具有大量的出口需求，因此，如果能与内陆地区陆港合作，提高通关效率和物流服务效率，将吸引更多内陆客户及货源。

（四）我国内陆地区发展外向型经济的需要

外向型经济是指为推动经济发展和增长，以国际市场需求为导向，以扩大出口为中心，根据比较优势理论，积极参与国际分工和国际竞争的经济。

改革开放以来，沿海地区凭借区位优势率先发展起来外向型经济，发展成果显著有目共睹，而内陆地区则受限于不便利的交通，国际经贸活动不频繁，经济发展受限。

2014 年以来，中西部 20 个省市[①] 的进出口总额占全国总额比例保持在 14% 左右，而沿海东部城市的进出口总额占了全国的 86%。中西部整体贸易量仅为广东省贸易量的 1/2。由此可见，我国东西部地区贸易发展严重不平衡（见表 1）。

表 1　2014—2016 年广东、江苏、上海及中西部地区进出口贸易额占全国比例（%）

省 / 区域	时间	省 / 区域进出口额（亿美元）	全国进出口额（亿美元）	省 / 区域进出口额全国占比
广东	2014	12419	43015	28.9%
	2015	11652	39530	29.5%
	2016	10601	36856	28.8%
江苏	2014	6091	43015	14.2%
	2015	5810	39530	14.7%
	2016	5471	36856	14.8%
上海	2014	4526	43015	10.5%
	2015	4230	39530	10.7%
	2016	4046	36856	11.0%
中西部地区	2014	6026	43015	14.0%
	2015	5463	39530	13.8%
	2016	5074	36856	13.8%

数据来源：根据 2015—2017 年中国统计年鉴数据整理。

外贸依存度是用来衡量一国或地区经济发展对贸易的依赖程度，一般通过进出口总额占国内生产总值的比重来表示，该指标越高说明外向型经济发展水平越高。2016 年，我国整体外贸依存度为 32.7%，沿海省市如广东、上海高达 90%，中西部地区仅为 9.6%，说明我国中西部地区的贸易不发达。

陆港作为国际物流的重要节点，对提高内陆地区对外开放水平起关键作用。陆港的建设和运作将促进内陆城市形成陆港——运输通道——沿海（河）港口的

① 中西部城市包括山西、内蒙古、吉林、黑龙江、安徽、江西、河南、湖北、湖南、广西、四川、贵州、云南、西藏、陕西、甘肃、青海、宁夏、新疆和重庆

国际物流通道，拓宽内陆地区开展国际贸易的途径，使内陆地区更好地参与国际分工。

（五）我国完善国际物流体系的需要

国际物流指物品从一个国家（地区）的供应地向另一个国家（地区）的接收地的实体流动过程（王学峰，2004）。国际物流在国际贸易中的重要性不言而喻，然而与发达国家相比，我国物流成本较高、效率较低。2013 年全社会物流总费用与国内生产总值的比率高达 18%，高于发达国家水平 1 倍左右，也显著高于巴西、印度等发展中国家的水平（田源，李伊松，易华，2007）。因此，完善国际物流体系，提高物流效率、降低物流成本是我国发展现代化物流业的重要任务。

与经济发展不平衡相似，我国物流体系发展也存在东西部不平衡。虽然内陆地区多个城市属于新亚欧大陆桥及丝绸之路经济带的节点城市，是国际物流网络的重要节点，但由于内陆地区交通运输基础设施薄弱，导致运输时间长、成本高，缺乏竞争力。

因此，推动内陆城市建设陆港将打通中国东西向物流运输通道，完善国际物流体系，既有利于提高沿海货物通过铁路经由内陆城市运往欧亚地区的物流效率，从而增强我国国际物流的全球竞争力，也有利于内陆城市和沿海港口紧密联结，从而更好地参与国际分工。

总之，本文通过梳理文献，对陆港的相关基础理论如陆港概念、陆港分类和陆港形成动因有了充分的了解，同时结合我国的国情，分析了陆港在我国发展的必要性：内陆地区建设陆港是沿海港口自身发展的需要，是内陆地区发展外向型经济的需要，也是我国完善国际物流体系的需要。

三、陆港发展概况

（一）国外陆港发展状况

1. 北美陆港发展状况

美国内陆无水港的发展始于 19 世纪末，随着北美铁路系统开始运营，内陆地区开始建设大型内陆港，发挥货物集散地作用，连接生产区和原材料供应区，以更好地服务内陆市场，在这一起步阶段，陆港主要服务于国内市场。后来随着全球化和多式联运的发展，在北美地区形成了2种主要的陆港类型。

一类是作为海港在内陆腹地的延伸，典型的例子是美国Virginia内陆港。Virginia内陆港距离美国东部最大的海港群Hampton港群220公里，具有完备的海关功能，货物到达Hampton港后，通过铁路运输到Virginia内陆港，再经由铁路或公路运往内陆市场，同时也将内陆地区的货物运到海港以供出口。Virginia内陆港周围形成了大型综合物流园区，许多知名企业如红牛、美国科尔士百货公司（Kohl’s）、美国大型家居建材零售商家得宝（Home Depot）等均在此设立新的物流配送中心，为当地带来就业机会及经济利益。

另一类是具有自由贸易区性质的陆港，典型代表是Kansas内陆型物流中心，Kansas是美国最大的铁路运输枢纽，位于美国中部、东西海岸中间，其与沿海港口采用铁路运输，与其他内陆地区采用公路运输，实现公铁联运。Kansas农业、工业、制造业发达，且矿产资源丰富，具有大量的出口贸易需求，因此Kansas设立了大型自贸区以应对和满足日益增长的国际贸易需求。

2. 欧洲陆港发展状况

在欧洲，陆港的出现也是伴随着海港向内陆的延伸，且多为规模较小的近距离陆港，如德国不来梅货运中心（Güterverkehrszentrum）距离不莱梅港60公里，该货运中心建于1985年，地理位置邻近多式联运中心Neustadter Hafen，Neustadter Hafen位于内河、公路和铁路的连接处，不来梅货运中心建设之初的目的是为了促进多式联运的发展，并通过铁路运输缓解公路运输压力。中心内汇集了大约135家货代公司和物流公司，可为当地公司提供便捷的海关服务、集装箱存储、维修保养、车辆维修保养、能源补给等服务（刘冉昕，2017）。

在欧洲内陆地区，也有伴随物流需求增长而形成的内陆物流配送中心，并进一步发展成为服务标准化、制度化的陆港，典型的例子是西班牙马德里的科斯拉达陆港。马德里是典型的内陆城市，该地物流中心为简便通过手续、提升物流效率，而引入“一关三检”等口岸服务，免去了物流中心货物到达海港后再办理海关手续的流程，位于西班牙中心位置的马德里与其他四大海港组成了五大物流中心，使得马德里成为连接各海港的重要枢纽节点。

3. 亚洲陆港发展状况

在亚洲，巴基斯坦陆港是发展较早、陆港建设较成熟的国家。目前，巴基斯坦境内有 10 个陆港，其中锡亚尔科特陆港是最大的陆港，该陆港临近边境，同时位于巴基斯坦几个主要工业城市的交汇处，具有优越的地理位置。

在印度，陆港通过减缓交通堵塞、提高运输能力，以增强海港的竞争力。对于所服务的货物类型，印度即将在拉贾斯坦邦建设的无水港规定了仅限集装箱服务，以避免散货带来的运输不便。

4. 非洲陆港发展状况

非洲大部分都是内陆国家，因此陆港在非洲临海产业中扮演十分重要的角色。陆港不仅作为多式联运中心起着货运配送站的作用，同时也负责平衡铁路和公路运输，并提供海关和边关管理服务。但是，匮乏的物流基础设施、低效的物流服务等因素导致陆港与海港不能通畅联结以及集装箱过关常常出现延误。比如，埃及的某个陆港基础设施落后、缺少系统性立法和制度来规范陆港参与海港体系的流程，从而造成管理混乱、效率低下。

（二）国内陆港发展状况

2002 年，北京建立了第一个陆港——朝阳陆港，开启了中国内陆港建设的先河，朝阳口岸开展海关业务，实现了海港功能的内移，在其与天津港合作的第一年内，集装箱过货量增长了一倍（张熊瑞，2013）。随后，大连港、青岛港也开始加快内陆中转站的建设。南方的海港也开始寻找有条件的内陆城市合作建设陆港，如上海港与西安陆港签订战略合作，开设上海港到西安港的常设班列等。在目前已知的投入运营和规划建设的 70 个陆港中（刘晓雷，2016），从地理位置、陆海港联系上看，可以分为以下五大陆港群，分别是东北陆港群、西北陆港群、东南中部陆港群、华南陆港群及广西陆港群。

东北陆港群以大连、营口、丹东等海港为出海口，沈阳、长春、哈尔滨等内陆城市通过建设陆港实现海铁联运，进而促进区域一体化物流体系的形成。东北地区是我国与俄罗斯贸易往来的主要节点，若能打通俄罗斯——东北——沿海港口这一路线，将有助于东北地区增加贸易量，提高对外开放程度，从而振兴经济发展。

华北、西北陆港群是我国目前最大的陆港群，已建成的陆港30多个，占全国陆港数近一半。从空间布局角度看，有远距离陆港乌鲁木齐、都拉塔口岸，也有近距离陆港保定、石家庄陆港。从陆港类型来看，有口岸型陆港如二连浩特，有综合性陆港如西安、郑州，有公路型陆港如北京朝阳、平谷。该陆港群主要依托天津、青岛和营口港。

东南部和中部地区的陆港主要分布在浙江省、江西省和福建省，以宁波港和厦门港为主要出海口。在这一地区中，最有特色的是义乌港，义乌是全球最大的小商品集散中心，通过与宁波港合作，加快通关速度，提高运输效率，更好地促进对外贸易发展。

华南陆港群主要位于珠三角区域，依托广州港和深圳港，在这一地区海港探索陆港建设的起步较晚，因此还没有形成陆港群，但形成了大范围的多式联运网，发挥江海联运和海铁联运优势。

广西陆港群以广西南宁为主，作为东盟自由贸易区的最前沿，广西陆港群特色鲜明，以北部湾为龙头，陆港为节点，促进海陆联动，建立综合性保税物流体系，为中国——东盟自贸区更好地服务。

（三）我国丝绸之路经济带陆港发展状况

1. 丝绸之路经济带内涵

陆上丝绸之路经济带主要有4条路线，分别为新亚欧大陆桥、中国－中亚－西亚经济走廊、中国—中南半岛经济走廊以及中蒙俄经济走廊，表2、表3描述了各个经济走廊的具体路线以及节点城市情况。

表2 丝绸之路经济带具体路线

	具体路线	国内节点城市
新亚欧大陆桥	东起连云港，经由陇新铁路向西通过新疆连接哈萨克斯坦，再到俄罗斯，最后到达欧洲的荷兰鹿特丹	连云港、郑州、西安、天水、兰州、武威、乌鲁木齐、霍尔果(边境口岸)

续表

	具体路线	国内节点城市
中国－中亚－西亚经济走廊	通过新疆出境，经由亚欧大陆桥南线分支连接巴基斯坦、阿富汗等中西亚国家，再到土耳其等东欧国家，最后到达荷兰鹿特丹	乌鲁木齐、喀什（边境口岸）
中国－中南半岛经济走廊	通过云南、广西向南联接老挝、泰国、缅甸、越南、新加坡、马来西亚等国	昆明、瑞丽（边境口岸）、南宁
中蒙俄经济带	连接东三省，经由内蒙古出境至蒙古国、俄罗斯，最后到达欧洲	二连浩特（边境口岸）、满洲里（边境口岸）、珲春（边境口岸）、吉林、长春、哈尔滨

资料来源：作者据《推动共建丝绸之路经济带和21世纪海上丝绸之路的愿景与行动》和《图解丝绸之路经济带》整理。

资料来源：庞闻. 图解丝绸之路经济带［M］. 西安地图出版社，2017（06）。

表3　丝绸之路经济带所覆盖的省市情况

区域	省市	定位
西北	新疆	丝绸之路经济带核心区、向西开放重要窗口、丝绸之路经济带重要交通枢纽
	陕西、甘肃、宁夏、青海	打造西安内陆型改革开放高地，加快兰州、西宁开发开放，推荐宁夏内陆开放型经济试验区建设，形成面向中亚、南亚、西亚国家的通道、商贸物流枢纽、重要产业和人文交流基地
东北	内蒙古	发挥联通俄蒙区位优势
	黑龙江、吉林、辽宁	完善黑龙江对饿铁路通道和区域铁路网，及东三省与饿远东地区陆海联运合作，建设向北开放的苗要窗口
西南	广西	形成21世纪海上丝绸之路与丝绸之路经济带有机衔接的重要门户
	云南	推进与周边国家的国际运输通道建设，成为面向南亚、东南亚的辐射中心
	西藏	推进西藏与尼泊尔等国家边境贸易和旅游文化合作
内陆	重庆、成都、郑州、武汉、长沙、合肥、南昌	打造内陆开放型经济高地：建立中欧通道铁路运输、口岸通过协调机制，打造“中欧班列”品牌，建设沟通境内外、连接东中西的运输通道

资料来源：《推动共建丝绸之路经济带和21世纪海上丝绸之路的愿景与行动》。

2. 丝绸之路经济带陆港发展状况

陆港建设在畅通丝绸之路经济带、加强沿线各国“互通”中起着十分重要的作用，因此被划入丝绸之路经济带的各个省市都积极响应“一带一路”倡议，针对各自的发展情况进行发展规划，大部分省市都明确提出要加强国际陆港建设，也有一些省市在发展规划中没有用“陆港”这个词，但其发展的方向与陆港内涵是相同的，如发展多式联运、设立海关特殊监管区域、加强口岸基础设施建设、运营“中欧班列”等，因此本文也将这些省市列为陆港城市。表4总结了丝绸之路经济带节点城市目前的陆港建设情况。

表4 节点城市的陆港建设情况

省份	城市	陆港建设情况
新疆	乌鲁木齐	2015年11月，以乌鲭木齐火车西站为核心，建设乌鲁木齐铁路货运口岸、多式联运海关监管中心和新疆中欧班列集结中心，并以此为依托建设新疆国际陆港，2018年将开行1400列西行班列
	喀什、霍尔果斯	新疆地区两大口岸，被《政府间陆港协定》列为国际陆港，目前均已建有综合保税区、并在建多式联运物流园
陕西	西安	西安国际港务区于2008年成立，2010年保税物流区运营，2011年西安铁路集装箱中心站开始运营，2013年，中欧班列“长安号”开始运行，2014年综合保税区封关运营，2015年设立为西安铁路口岸，“西安港”国际代码（CNXAG)、国内代码（61900100）正式启用，同时，西安与天津、青岛、连云港等沿海港口建立战略合作，现已形成成熟的公铁海联运系统
甘肃	兰州	2016年，兰州新区综合保税区封关运营；2015年，以兰州东川铁路货运中心站、兰州铁路集装箱中心站、兰州公路集装箱中心站和兰州保税物流中心（B型）为主体兰州国际港务区进入基础设施实质性建设阶段，预计2017年完工
	天水（规划中）	《甘肃（天水）国际陆港发展战略规划（2016—2030)》规划在未来15年打造天水国际陆港
	武威（规划中）	2014年，保税物流中心运营，是国家在甘肃省批准设立的第一个海关特殊监管区域；同年，中欧班列“天马号”运营；《甘肃（武威）国际陆港发展战略规划（2016—2030)》规划在未来15年打造武威国际陆港
宁夏	银川	2009年，银川陆路口岸开通；2013年，综合保税区封关运营；积极建设公铁物流园，《宁夏多式联运国际物流中心总体规划（2017—2030)》将公铁物流园升级为多式联运中心
青海	西宁	2015年，曹家堡保税物流区（B型）投入使用；未来计划打造青藏国际陆港
内蒙古	二连浩特（规划）	以二连浩特进出口园区为依托，建设数据陆港运营平台，配合中俄一网通系统集结优势运力资源，提供专业、高效的外贸供应链服务，以打造中蒙欧国际陆港集运中心
	满洲里	中俄最大的陆路口岸，被《政府间陆港协定》列为国际陆港，是中欧班列开往俄罗斯的集结点；2016年，综合保税区封关运营
黑龙江	哈尔滨	设立铁路口岸和水运口岸，2017年综合保税区运营，2018年国际陆港跨境公铁集运中心项目在哈尔滨启动
吉林	长春	2008年，长春内陆港启动，与大连港形成海港联动；2014年综合保税区运营；2015年开始运营“长满欧”“长珲欧”中欧班列
重庆		设有一类水运口岸，2001年设立出口加工区；2011年重庆两路寸滩保税港区和重庆西永综合保税区封关运营；2014年设立一类铁路口岸——团结村铁路口岸
四川	成都	成都国际铁路港依托成都铁路口岸和成都铁路集装箱中心站而建，成都铁路口岸成功获批国家对外开放口岸、保税物流中心（B型）和多式联运海关监管中心；2010年，成都出口加工区和保税物流中心升级为综合保税区；2017年截止至9月，中欧（成都）班列已开行508列

续表

省份	城市	陆港建设情况
河南	郑州	2010 年，郑州综合保税区封关运营；2013 年，郑欧国际铁路货运（郑州 – 汉堡）首班开行；2014 年，郑州设立铁路口岸；2015 年，获批建设多式联运海关监管中心
湖北	武汉	设有一类水运口岸；2013 年设立综合保税区；2014 年设立铁路口岸，同年中欧班列运行，现推进集装箱铁水联运项目
湖南	长沙	设有二类水运口岸；2009 年，长沙金霞物流保税中心运行，同年设立二类铁路口岸；2014 年中欧班列开行；2017 年设立综合保税
江西	南昌	设有二类水运口岸；2010 年，保税物流中心运行；2015 年中欧班列开行；2017 年设立铁路口岸；目前在建综合保税区
安徽	合肥	设有二类水运口岸合肥港，在合肥新港设立海关陆路监管；2010 年，出口加工区运营；2014 年中欧班列开行；2015 年综合保税区运营

资料来源：作者根据各省市发展规划、统计年鉴整理。

本文首先描述了国外陆港发展状况，进一步了解了陆港在全球范围内的形成动因、作用，其次描述了我国陆港的发展历史和地理分布，最后着重描述了丝绸之路经济带上的陆港建设情况，为后面研究陆港建设对经济发展的促进作用确定了研究对象。

四、陆港建设与经济增长的相互作用机制

为进一步研究陆港建设与经济增长的关系，本章将基于发展陆港与经济增长的相关理论，从陆港建设对经济增长的作用机制，及经济增长对于陆港建设的反馈机制两方面进行理论分析，归纳总结出发展陆港与经济增长的相互作用机制，为后文的实证研究打下理论基础。

(一) 基础理论

1. 区域经济发展理论

（1）增长极理论。

新古典主义基于经济增长理论提出了区域均衡发展理论，认为若要改变一个国家或地区的欠发达现状，必须加大投入以推动各个产业及部门同步均衡发展。这一理论背后的基本假设为：①生产中只有资本和劳动两种要素，并且可以相互替代；②市场是完全竞争的；③生产要素可以无摩擦自由流动；④发达地区资本

密度高，资本边际收益率低，而欠发达地区劳动密度高、工资低。在自由竞争的市场经济条件下，资本及劳动力的自由流动会带来区域发展的均衡。该理论的假设十分严格，简单化了现实中的很多问题，如生产要素不可能无摩擦自由流动、忽略了规模效应和技术进步等因素，因而对于欠发达地区实现经济增长的实践意义不大。

在考虑了规模效应、正外部性等因素后，要素资源会逐渐集聚在空间上的某些点，从而形成增长极。增长极理论最初由法国经济学家佩鲁提出，他认为增长并非在所有部门或产业同时出现，而是首先以不同强度出现在某些增长点或增长极上，再通过不同的渠道、作用机制影响更广区域的经济增长。增长极对区域经济增长的作用机制包括：①支配效应，主导产业部门通过向前、向后联系以集聚其他相关部门及产业，从而形成产业综合体，带动区域发展；②乘数效应，通过产业关联、区域关联以对周围地区起示范、带动作用，并通过循环、因果积累作用不断扩大影响；③极化效应，经济发展水平达到一定阶段后会形成自我积累、自我发展的能力；④扩散效应，在极化反应后，增长极对经济增长的促进作用扩散到周围欠发达地区。

加快增长极的建立虽然可以促进落后地区经济发展，但增长极理论的应用需要具备一定的区位条件，如果贸然将一些现代化企业迁至欠发达地区，由于要素不能扩散，将出现产业链中断，无法形成增长极。内陆城市发展陆港，加强交通基础设施建设，以改善交通不便利的现状、改变区位劣势，为增长极的形成提供基础。

（2）规模经济理论。

规模经济理论最早由亚当·斯密在其著作《国富论》中提出，强调社会专业化分工将提高劳动生产率，而真正系统研究规模经济理论的是英国经济学家马歇尔，他论述了规模经济形成的两种途径，既依赖于企业内部效率提高的“内部规模经济”，也依赖于多个企业之间因合理分工、合理区域布局所形成的“外部规模经济”。

陆港发展带动的产业集群效应，一方面将促进人才、资本、技术等生产要素的聚集，降低信息交流成本、提高专业化分工水平，从而形成外部规模效应，另一方面将促进贸易量、业务量的扩大，从而企业内部能够充分利用资源、提高经营效率，形成内部规模效应。

（3）产业集群理论。

产业集群理论是由 Micheal Porter 于 20 世纪 80 年代创立的，该理论认为，在一个特定的领域集聚一组产业将形成不同的优势，包括产业内的竞争减少、客户来源稳定、供应商价格低等，从而保证企业持续稳定盈利。这种区域集聚通过促进形成有效的市场竞争环境、聚集专业化生产要素，使企业共享区域公共资源及外部经济，形成区域集聚效应、规模效应、外部效应，以降低信息交流和物流成本，从而有效提高区域经济竞争力。

陆港建设可以集聚上下游关联产业，从而发展为综合工业区、物流园，进一步发挥资源整合和规模经济效应，完善产业供应链，形成临港产业集群，共享区域公共资源和外部经济。

2. 交通基础设施对经济影响的相关理论

（1）交通基础设施的网络效应。

网络效应是指某个产品的价值将随着使用该产品的消费者数量增多而增加。交通基础设施具有典型的网络性特征，假设某区域内有 N 个节点，节点之间均有交通线路连接，每个线路运输量为 1 个单位，当节点数为 N 时，总运输量为 N(N－1) 个单位，每增加一个节点，总运输量将比原来增加 2(N－1) 个单位（邓丹萱，2014）。随着节点的增加以及节点之间运输路线的通畅运行，区域联系会增多，区域网络的可达性也会增加，使得人才流、信息流流、物流、技术流的输送能力和效率大大提高。

陆港作为交通运输网络里的关键节点，有助于改善区域运输网络的可达性、降低运输成本，从而促进内陆地区扩大国内地区市场，以及促进对外贸易的发展，导致本地区位优势增加。

（2）交通基础设施的溢出效应。

溢出效应是指某经济体的生产、消费活动对其他经济体的伴生影响，与外部性的含义相近。交通基础设施通过自身的网络效应进一步形成了空间溢出效应，这种效应既有正面的，也有负面的。一方面，交通运输设施网络的完善扩大了区域市场的规模，有利于各人力、资本、技术等生产要素在区域间交流，为技术创新孕育环境，促进技术效率提高，从而带动经济增长，这是正向的溢出效应；另一方面，交通运输网络的完善提高了区域间的可达性，降低了运输成本，促进了资源、要素从效率低的地区向效率高的地区流动，从而导致落后的区域更落后，发达的区域更发达，加深区域发展不平衡程度，这是负向的溢出效应。

（二）陆港建设对促进经济增长的作用机制

丝绸之路经济带上的主要省市均处于内陆地区。与沿海地区相比，虽然内陆地区有拥有丰富的自然资源和相对低廉的生产要素（如劳动力、土地等），但交通便利性、可达性较差，不利于开展贸易。因此，建设陆港有助于完善交通基础设施、形成规模更大的交通运输网络，促进内陆地区扩大国内地区市场，以及参与国际市场分工。同时，陆港不同于一般的铁路港、货运中转站，其功能更全面，集装卸、运输、仓储、保税、海关等功能为一体，为物流园、工业综合体的形成提供条件，从而能够更好地发挥产业集聚、产业关联效应，并进一步发展为地区经济发展的“增长极”，通过发挥极化效应、乘数效应和扩散效应来带动区域经济发展。

1. 发挥陆港正向溢出效应，提高区域交流

首先，陆港作为交通运输网络的关键节点，其发展有助于完善交通运输网络，促进区位优势的形成，交通区位优势较强的地区可以吸引生产要素注入该地。同时，完备的交通基础设施网络是发挥扩散效应的前提条件，区域之间的交通网络越发达，发达地区的辐射效应越强，正向溢出效应也能更好发挥。另外，好的交通条件也更有利于内陆地区承接沿海地区的产业转移。

其次，完善的交通运输网络将降低运输成本、提高运输效率，一方面有利于内陆地区增强国内区域之间的贸易往来，另一方面，由于与沿海港口之间的交通更方便，有利于通过海港开展国际贸易，参与国际分工，促进贸易增长。

2. 发挥陆港产业集聚效应，形成规模经济

陆港是物流、交通运输的一个重要节点，通过发挥集散功能，促使各类生产要素和资源向陆港集中，从而吸引大量的临港加工业、物流关联产业（如金融、

信息科技、旅游、保险、代理等）聚集此处，一方面有效提高了人才、资金、信息的流动性，形成专业化分工，降低企业生产及物流成本，发挥规模经济效应。另一方面，产业集群的形成，有助于减少产业内竞争，临港企业通过优势互补，可实现差异化战略，以吸引更多客户，从而提高了产业整体竞争力和区域经济运行效率。

3. 发挥陆港产业关联效应，完善产业链

产业关联效应是指某产业的发展变化对其上下游产业的影响。物流产业是陆港的基本产业，属于生产服务业，包含了运输、仓储、加工等一系列环节。一方面，陆港功能的完善、物流水平的提升将为原材料及产成品的供应提供便捷、高效的运输条件，提高商品的流通效率，进而吸引更多的货源及大量临港企业的聚集，发挥产业集聚带来的规模经济效应。另一方面，陆港的基础设施建设将带动钢铁、水泥等制造业的生产需求，增加这些生产部门的就业和收入，同时将进一步带动相关行业的产品和服务需求。

（三）经济增长对促进陆港发展的作用机制

首先，从需求角度来讲，陆港的需求来自对运输、物流的需求，经济增长将促进对内、对外贸易的增长，必然会引起对物流、运输需求的增长，因此经济贸易发展将为陆港带来更多的货源，从而促进陆港吞吐量的增长。

其次，从资金投入角度来讲，随着经济增长，政府将会有更充裕的资金投入到陆港的基础设施建设中，改善陆港硬件设施，以更好地发挥陆港作为物流运输网络节点、上下游产业供应链连接点的作用。

第三，从政策环境角度来讲，区域经济发展将促使政府完善陆港相关法律法规的制定，从政府的角度扶持陆港发展，实现陆港从传统港口、到综合工业物流园区、再到陆港城市的功能转变。

最后，从资源集聚角度来讲，经济发展不仅促进当地信息、金融等行业的发展，同时还能吸引外来技术、人才、资本聚集，从而促进陆港发展。

以上主要基于区域经济增长、交通基础设施对经济影响相关理论，分析了陆港建设与经济增长之间的相互作用机制：陆港发展与经济发展是相互促进的关系，具体的作用机制总结如图 4 所示。

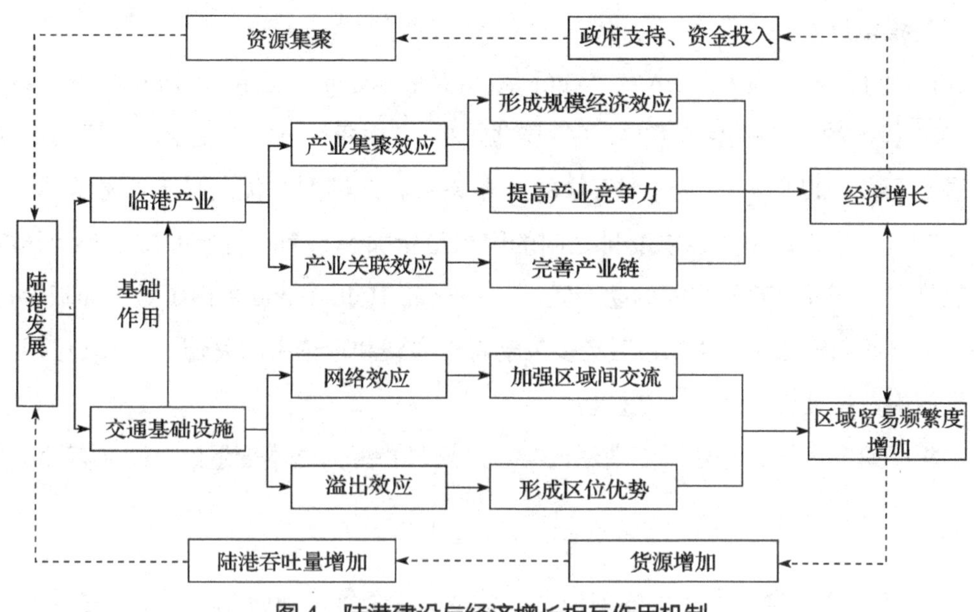

图 4 陆港建设与经济增长相互作用机制

五、陆港建设与经济增长关系的实证分析

理论上，建设陆港促进了内陆城市的对外开放，提高了区域贸易往来的频繁度，从而推动了地区经济水平的提升。但陆港建设与经济增长的相关性有多大？它们之间的关系是否处于长期均衡的状态？相互关系是单向影响还是双向影响？本章将首先运用面板向量自回归模型（PVAR）研究陆港建设与经济增长之间的动态关系。在确定二者之间的关系后，将运用回归模型进一步估计陆港建设对于经济增长的影响作用。

在上一部分，本文已经确定了丝绸之路经济带上的节点城市，基于数据可得性，最终选取了其中的 19 个节点城市为研究对象，分别为乌鲁木齐、兰州、天水、武威、西安、银川、西宁、满洲里、南宁、昆明、哈尔滨、长春、成都、郑州、武汉、长沙、南昌、合肥和重庆，并选取了 19 个城市 2001—2016 年共 16 年的数据，建立面板数据。各研究变量来源自历年分省、分市统计年鉴以及《中国城市统计年鉴》。

（一）面板向量自回归模型

1. 模型建立

向量自回归模型（VAR，Vector Auto Regression）是由 Christopher Sims 于 1980 年提出的，该模型是将时间序列数据中的当期变量对所有变量的若干滞后变量进行回归，以估计联合内生变量的动态关系。该模型的优点是不用考虑内生、外生变量，也不用事先探求变量之间的因果逻辑关系，而是将所有变量都看作内生变量，以研究其互相之间的动态联系。1988 年 Holtz-Eakin 提出了基于面板数据的向量自回归方法（PVAR），后经多位学者在实践和理论中的完善，PVAR 已成为估计面板数据动态关系的成熟模型。

根据研究目标，构建以陆港建设与经济增长指标为基本变量的 PVAR 模型。

$$y_{i,t} = B_0 + \sum_{j=1}^{p} B_j y_{i,t-p} + \eta_i + \varphi_t + \varepsilon_{i,t} \qquad (5\text{-}1)$$

$y_{i,t}$ 是一个包含 2 个变量的列向量，代表第 i 个省市在时刻 t 的陆港建设、经济增长指标；η_i 是固定效应，代表可能遗漏的区域特征；φ_t 是时间效应，代表系统变量里的趋势特征；$\varepsilon_{i,t}$ 是服从正态分布的随机扰动项。

2. 变量选取

港口吞吐量是衡量陆港建设规模的最佳指标，但由于我国现阶段的陆港建设尚未形成体系，没有官方统计的陆港吞吐量数据，因此采用货运量这一指标代替。货运量一定程度上是包含陆港吞吐量的。经济增长的表征量指标则选取了选择地区生产总值。同时，为了减少时间因素对各变量的影响，本文选取了各指标的年增长率作为变量（见表 5）。

表 5　变量的数据描述性特征

变量名		均值	标准差	最小值	最大值	样本个数
GDP 增长率 (grgdp)	overall	0.159	0.100	–0.190	1.020	N = 304
	between		0.0273	0.121	0.231	n = 19
	Within		0.0967	–0.226	0.948	T = 16
货运量增长率（grfreight）	overall	0.102	0.341	–0.710	4.830	N = 304
	between		0.0791	–0.0244	0.322	n = 19
	Within		0.332	–0.930	4.610	T = 16

3. 实证分析结果

（1）面板单位根检验。

单位根检验是为了确定某数列是否平稳，含有单位根的数列是非平稳的，会随时间变化呈现出某种向上或向下的趋势，而不是呈现回到其期望值的趋势。若用非平稳数列进行回归分析，将可能出现伪回归现象，因此，确定数列是否平稳对于后续计量分析十分重要。本文采用IPS检验、费雪式检验分别对面板数据的平稳性进行了检验，结果均强烈拒绝存在单位根的原假设，表6的结果说明所选取的数列均为平稳数列，无须进行差分。

表6 单位根检验结果

变量名	IPS 检验	费雪检验
	t统计量（p值）	chi2统计量（p值）
GDP增长率（grgdp）	−6.7461 (0.0000)	73.0336 (0.0005)
货运量增长率（grfreight）	−12.9841 (0.0000)	144.5549 (0.0000)

注：IPS检验和费雪检验均使用了“demean”选择项来缓解可能存在的截面相关；针对滞后阶数的选择，IPS检验根据AIC原则确定，grgdp和grfreight的平均滞后期分别为1.67和0.32，费雪检验选择的滞后阶数分别为2和1。

（2）面板向量自回归模型。

①PVAR模型滞后阶数的确定。在运用PVAR模型分析变量之间的关联性之前，需要先确定该模型的滞后阶数p。根据T（时间序列长度）≥ 2p + 2（方大春，2015），由于T为16，因此滞后阶数p最大为7，检验的结果如表7所示，根据BIC、AIC、QIC信息量最小原则，应该选取阶数1作为滞后阶数。

表7 PVAR模型滞后阶数检验结果

滞后阶数	CD	J	Jvalue	MBIC	MAIC	MQIC
1	0.468	34.55	0.183	−102.4	−21.45	−54.34
2	0.457	32.18	0.123	−85.19	−15.82	−44.01
3	0.488	23.08	0.285	−74.72	−16.92	−40.41
4	0.484	16.14	0.443	−62.10	−15.86	−34.65
5	0.465	14.57	0.266	−44.11	−9.428	−23.52
6	0.456	11.26	0.187	−27.86	−4.742	−14.14
7	0.461	5.102	0.277	−14.46	−2.898	−7.597

② PVAR 模型估计结果。在进行 PVAR 估计之前，需要消除模型中的固定效应，本文运用前向均值差分（Helmet）过程消除掉固定效应，再根据确定的一阶滞后阶数对面板序列进行自回归（见表 8）。

表 8　面板向量自回归结果

	h_grgdp		h_grfreight	
	b_GMM	t_GMM	b_GMM	t_GMM
L.h_grgdp	0.4134**	2.2234	0.7183**	2.1703
L.h_grfreight	0.4394***	3.0599	–0.2034**	–2.8514

注：h_grgdp 和 h_grfreight 表示运用 helmet 过程消除固定效应之后的变量，b_GMM 表示 GMM 估计系数，t_GMM 表示 GMM 估计系数的 T 检验值；***、**、* 分别代表在 1%、5%、10% 置信水平上显著。

③脉冲响应。为了进一步阐述陆港建设与经济增长之间的动态关系，将以上述 PVAR 模型为基础，建立 GDP 增长率和货运量增长率之间的脉冲响应模型，来分析一个变量的冲击对另一个变量的动态影响。

首先分析货运量增长对经济增长的冲击，图 5 反映了货运量增长对经济增长的一个标准差冲击在第 1 期迅速上升，在第 2 期开始下降，一直到第 6 期均保持平稳下降趋势，并趋向于 0。说明货运量的增长对于经济增长的影响力很大，但后劲不足，同时也表明，要考察陆港发展对于经济增长的影响还必须充分考虑其他因素对后续冲击的影响，包括陆港所在城市的对外开放程度、地理因素、政府支出、劳动力投入等其他综合因素。

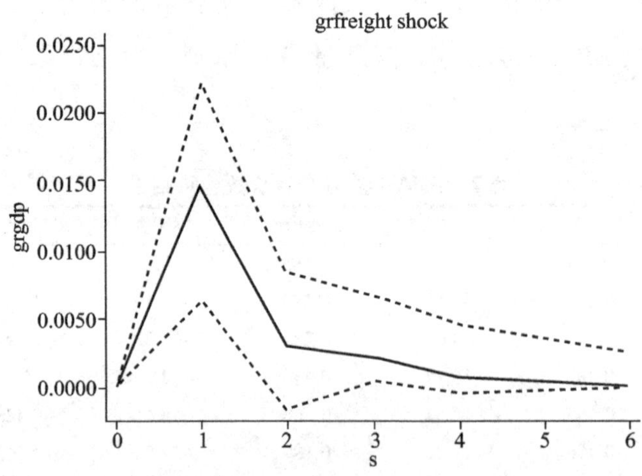

图 5　货运量增长率对经济增长率脉冲的响应

其次分析经济增长对于货运量增长的冲击影响，图 6 反映了经济增长对货运量增长的一个标准差冲击在第 1 期有所上升，但上升趋势较小，从第 2 期开始平稳下降，并趋向于 0，说明虽然经济增长对于陆港发展有积极的促进作用，但整体水平较低。

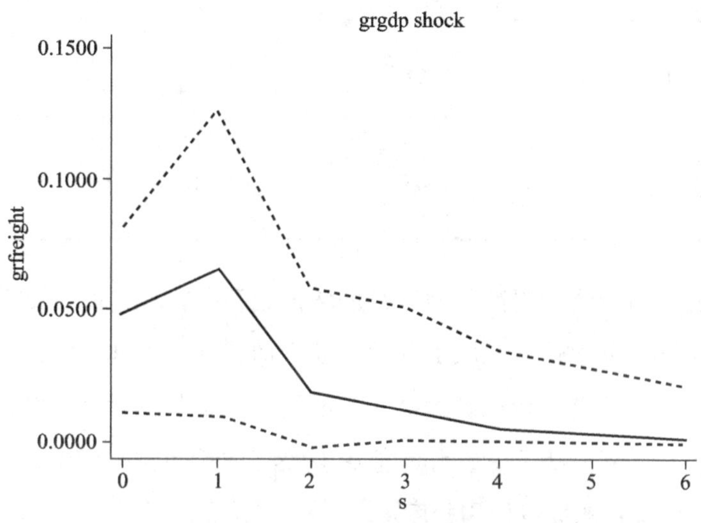

图 6 经济增长率对货运量增长率脉冲的响应

（3）面板协整关系检验及格兰杰因果关系检验。

平稳的面板数据可以用来作协整检验，以检验协整关系是否存在，协整关系是指序列之间存在长期均衡的关系。对 grfreight 和 grgdp 两个面板序列做协整检验，p 值为零，拒绝原假设“不存在协整关系”，说明两个面板序列存在协整关系。协整关系检验结果如表 9 所示。

表 9 协整关系检验结果

统计量	统计量值	Z-value	P-value
Gt	−1.593	−2.584	0.0050
Ga	−7.525	−3.568	0.0000
Pt	−5.361	−2.686	0.0040
Pa	−4.434	−5.130	0.0000

进一步对面板做格兰杰因果关系检验，结果表明，货运量增长率变化是引起生产总值增长率变化的格兰杰原因，即陆港建设对经济增长的影响关系是存在的，

同时在5%的显著性水平下，生产总值增长率也是货运量增长率的格兰杰原因，即经济增长对陆港发展同样有影响。因此，陆港建设与经济发展互为因果。格兰杰因果关系检验结果如表10所示。

表10 格兰杰因果关系检验结果

	chi2	df	Prob>chi2
grgdp			
grfreight	8.684	1	0.003
ALL	8.684	1	0.003
grfreight			
grgdp	4.507	1	0.034
ALL	4.507	1	0.034

综上所述，陆港建设规模与地区经济增长之间存在稳定的长期关系，陆港规模扩大，地区货运量增长，区域贸易频繁度增加，促进了地区经济增长，而地区经济增长反过来又促进了货运量的进一步增长。下一节将对面板数据进行回归分析，同时引入若干陆港特征变量和其他影响经济增长的控制变量，进一步研究陆港发展对于经济增长的促进作用程度。

（二）面板数据回归分析

前面已经论证了以货运量作为表征指标的陆港建设与经济增长之间的长期均衡关系，但货运量增长只是陆港建设的必要条件，而不是充分条件，并不能充分反映由陆港建设带来的对经济增长的促进作用，因此本节将引入若干陆港特征变量，加入货运量与陆港特征变量的交互项，以更好地分析由陆港建设带动的货运量增长对经济的影响；同时，由于影响经济增长的因素很多，这里也将引入若干相关控制变量从而提高模型估计的精准度。

1. 模型构建与变量选取

本文以地区生产总值增长率（grgdp）为被解释变量。由于经济增长率与货运量增长率互为因果，为了避免回归过程中的内生性，本文以滞后一期的货运量增长率（l.grfreight）作为第一个核心解释变量。

为了更好地解释由陆港建设带来的对经济增长的影响，本文引入了陆港特征变量，鉴于数据的可得性和有效性，主要考虑了以下三方面的内容，一是陆运口岸的设立，丝绸之路经济带上的节点城市大多处于交通相对闭塞的内陆地区，设立陆运口岸是打开其对外经济大门的第一步，只有具备口岸功能才能更好地发挥陆港作用；二是特殊海关监管区的设立，包括保税物流中心、综合保税区等，这些海关监管区的设立不仅为往来货物提供了海关的功能，而且随着商业功能不断完善，将聚集更多的企业，发展成为大型物流产业园，助力地区经济增长；三是中欧班列的运行，丝绸之路经济带节点城市均陆续开通了中欧班列，连接中国与欧亚各国，随着中欧班列的运行，必将加强中国到亚欧货运量的增长，并促进区域贸易频繁度的增加，从而促进经济增长。因此，是否设立特殊海关监管区（i.sccz）、是否设立陆运口岸（i.landport）、是否运行中欧班列（i.train）将作为三个主要的陆港特征变量：

$$i.\ sccz_{it} = \begin{cases} 1,\text{第 } t \text{ 年 } i \text{ 市有特殊海关监管区} \\ 0,\text{第 } t \text{ 年 } i \text{ 市无特殊海关监管区} \end{cases}$$

$$i.\ landport_{it} = \begin{cases} 1,\text{第 } t \text{ 年 } i \text{ 市有陆运口岸} \\ 0,\text{第 } t \text{ 年 } i \text{ 市无陆运口岸} \end{cases}$$

$$i.\ train_{it} = \begin{cases} 1,\text{第 } t \text{ 年 } i \text{ 市有运行中欧班列} \\ 0,\text{第 } t \text{ 年 } i \text{ 市无运行中欧班列} \end{cases}$$

同时，将货运量增长率（grfreight）与陆港特征变量［是否设立特殊海关监管区（i.sccz）、是否设立陆运口岸（i.landport）、是否运行中欧班列（i.train）］相乘得到的交互项分别作为第二个核心解释变量（grfreight × sccz、grfreight × landport、grfreight × train），以更好地解释由建设陆港所推动的货运量增长对于经济的影响作用。

由于影响经济增长的因素很多，为了提高回归估计结果的精准度，本文引入了以下控制变量：①固定资产投资（invest），投资规模的扩大有助于经济规模的扩大，但盲目投资也可能降低经济增长效率，因此存在正反两方面的影响，本文用固定资产投资额占 GDP 比重来衡量；②劳动力投入（labor），劳动力的增长将扩大社会生产规模，从而促进经济增长，就业人数是反映劳动投入的常用指标（刘生龙、胡鞍钢，2010；林雄斌、杨家文，2016；李一花，2018），本文用就业人数占总人数的比例来衡量；③地方财政支出（govern），政府支出对经济增长的影响存在正反面，政府支出用于教育、科技、健康等公共服务方面将提高经济效率，促进经济增长，但若过多用于行政管理费用上，则会抑制经济增长效率（刘生龙、胡鞍钢，2010），本文用地方财政支出占 GDP 比重来衡量；④对外开放程度（trade），开放度高、对外交流频繁的地区能更好地接触到国际前沿，从而更好地利用先进技术来促进本地发展，本文用进出口总额占 GDP 比重来衡量，其中以美元计的进出口总额根据当年平均汇率折算为以人民币计后再与 GDP 相比；⑤产业结构（tertiary），产业结构从低附加值的农业向附加值更高的服务业转变将促进经济效率的提高，本文以第三产业增加值占 GDP 的比重来衡量；⑥人力资本（edu），人力资本的改善能提高实资源配置效率，从而促进经济增长，可以用劳动者平均受教育年限衡量（李一花，2018；张学良，2009）、用平均万人在校中学生人数衡量（Barro and Lee，1993）、用教育支出占财政支出比重衡量（沈利生、朱运法，1997），根据数据可得性，本文以普通中学在校学生人数与常住人口总数之比来衡量。变量的数据描述性特征如表 11 所示。

表 11　变量的数据描述性特征

变量名称	平均值	标准差	最小值	最大值
grgdp	0.159	0.100	−0.190	1.020
l.grfreight	0.108	0.350	−0.710	4.830
i.sccz	0.457	0.499	0	1
i.landport	0.414	0.493	0	1
i.train	0.128	0.335	0	1
grfreight*sccz	0.041	0.128	−0.35	1.3
grfreight*landport	0.023	0.114	−0.42	1.2
grfreight*train	0.001	0.050	−0.35	0.4
trade	0.280	0.576	0	4.910
invest	0.660	0.245	0.130	2.030
govern	0.139	0.125	0.0100	1.940
labor	0.264	0.111	0.0400	0.660
edu	0.0563	0.0146	0.0100	0.110
tertiary	48.68	8.120	31.80	72

基于上述变量，运用多元线性回归对面板数据建立回归模型：

$$grgdp_{it} = \alpha_0 + \alpha_1 \, l.\,grfreigh_{it} + \alpha_2 \, grfreigh \times landport_{it} + \sum_{v=1}^{6} \gamma_v X_{it} + \varepsilon_{it} \quad (5\text{-}2)$$

$$grgdp_{it} = \alpha_0 + \alpha_1 \text{ l. } grfreigh_{it} + \alpha_2 \, grfreigh \times sccz_{it} + \sum_{v=1}^{6} \gamma_v X_{it} + \varepsilon_{it} \quad (5\text{-}3)$$

$$grgdp_{it} = \alpha_0 + \alpha_1 \text{ l. } grfreigh_{it} + \alpha_2 \, grfreigh \times train_{it} + \sum_{v=1}^{6} \gamma_v X_{it} + \varepsilon_{it} \quad (5\text{-}4)$$

其中，α_0是常数项，α_1、α_2、γ_v是变量前的系数；滞后一期的货运量增长率 l.grfreight 是核心解释变量，$grfreigh \times landport_{it}$、$grfreigh \times sccz_{it}$、$grfreigh \times train_{it}$ 是当期货运量增长率和不同陆港特征的交互项，也作为核心解释变量；X_{it} 代表控制变量组，包括 invest、labor、govern、trade、tertiary 及 edu 六个控制变量。下标中的 i 代表城市，t 代表年份。方程（5-2）以陆运口岸作为陆港特征来考量陆港建设对经济增长的影响，方程（5-3）以特殊海关监管区作为陆港特征来考量陆港建设对经济增长的影响，方程（5-4）以中欧班列的运行作为陆港特征来考量陆港建设对经济增长的影响。

2. 实证结果分析

本文将面板数据分别进行了混合回归、固定效应回归，并对模型进行了检验。在固定效应模型下，方程（5-2）（5-3）（5-4）F 检验的 p 值分别为 0.0848、0.0715 和 0.0816，大于 0.05，不能拒绝“没有个体效应”的原假设，因此应该选取混合回归模型，同时为了消除组间异方差，本文采用以城市变量为聚类变量的聚类稳健标准误来进行混合回归。同时，考虑面板数据存在截面相关性和序列相关性，本文采用 FGLS 估计予以消除，从而使回归结果的效果更好。

表 12 的结果显示，FGLS 估计和混合回归下的变量系数方向保持一致，但在消除了截面相关性和序列相关性情况下的 FGLS 估计的结果比混合回归的结果更好，因此，本文以 FGLS 估计结果为准进行分析。

（1）核心解释变量。

三个方程综合来看，滞后一期的货运量增长率对于经济增长都有明显的促进作用，弹性系数分别为 0.0249、0.0266 和 0.025，即前一期货运量增长率每增加 1 个百分点，当期经济增长率将分别增加 0.0249、0.0266 和 0.025 个百分点，说明货运量增长是经济增长的重要推动力之一（见表 12）。

而每个方程中不同的陆港特征变量所反映的陆港建设对于经济增长的促进作用程度是不同的，具体来看：

表 12　混合回归、FGLS 估计结果

	陆港特征	陆运口岸		特殊海关监管区		中欧班列	
	估计方法	混合回归	FGLS	混合回归	FGLS	混合回归	FGLS
滞后一期货运量增长率	l.grfreight	0.0320***	0.0249***	0.0319***	0.0266***	0.0318***	0.0250***
		(–0.0109)	(–0.00236)	(–0.0108)	(–0.00253)	(–0.0107)	(–0.00246)
当期货运量增长率和不同陆港特征的交互项	grfreight_landport	0.0177	0.0178*				
		(–0.047)	(–0.0102)				
	grfreight_sccz			0.0401	0.0339***		
				(–0.0241)	(–0.00791)		
	grfreight_train					0.0323	0.0384**
						(–0.0778)	(–0.0192)
控制变量	对外开放程度 trade	0.0141	0.0134***	0.0151	0.0151***	0.0145	0.0133***
		(–0.0117)	(–0.00259)	(–0.0129)	(–0.00259)	(–0.0128)	(–0.00263)
	固定资产投资 invest	–0.0931***	–0.0774***	–0.0966***	–0.0835***	–0.0945***	–0.0807***
		(–0.0321)	(–0.00996)	(–0.0303)	(–0.00942)	(–0.032)	(–0.0109)
	地方财政支出 govern	0.0423	0.0309***	0.0441	0.0318***	0.0412	0.0303***
		(–0.0555)	(–0.00588)	(–0.0547)	(–0.00551)	(–0.0564)	(–0.00555)
	劳动力投入 labor	0.289**	0.255***	0.285**	0.259***	0.291**	0.260***
		(–0.109)	(–0.0208)	(–0.108)	(–0.0201)	(–0.106)	(–0.0207)
	人力资本 edu	0.799**	0.855***	0.810**	0.919***	0.814***	0.917***
		(–0.296)	(–0.103)	(–0.288)	(–0.106)	(–0.28)	(–0.12)
	产业结构 tertiary	–0.00227**	–0.0024***	–0.00224*	–0.0024***	–0.00225*	–0.0023***
		(–0.00107)	(–0.000354)	(–0.00108)	(–0.000354)	(–0.00109)	(–0.000348)
常数项	Constant	0.200***	0.202***	0.199***	0.199***	0.199***	0.196***
		(–0.0466)	(–0.0216)	(–0.0471)	(–0.0208)	(–0.047)	(–0.0209)

注：括号内的数字为标准误大小，***、**、* 分别代表在 1%、5%、10% 置信水平上显著。

①以陆运口岸作为陆港特征。在丝绸之路经济带上，加强陆运口岸的建设，其所拉动的货运量增长对于地区经济增长有显著的正向影响，弹性系数为 0.0178，即陆港的货运量增长率每增加 1 个百分点，将拉动地区经济增长率增加 0.0178 个百分点。

②以特殊海关监管区域作为陆港特征。在丝绸之路经济带上，节点城市加强特殊海关监管区的建设，其带动的货运量增长对于经济起着显著的正向作用，弹性系数为 0.0339，即陆港的货运量每增加 1 个百分点，将拉动地区经济增长率增加 0.0339 个百分点。

③以运行中欧班列作为陆港特征。在丝绸之路经济带上，节点城市中欧班列的运营所带动的货运量的增长对于地区经济增长起着显著的正向促进作用，弹性系数为 0.0384，即陆港货运量每增加 1 个百分点，将拉动地区经济增长率增加 0.0384 个百分点。

（2）控制变量。

三个方程综合来看，各控制变量相关系数的正负向一致、系数大小相近，下文将一并分析：

①对外开放程度。丝绸之路经济带城市积极发展对外贸易、发展外向型经济将显著促进地区经济增长，对外开放程度的弹性系数约为 0.013，即贸易总额在总 GDP 中的比例上升 1 个百分点，将拉动经济增长率增加约 0.013 个百分点。

②固定资产投资。固定资产投资对于经济增长呈显著负作用，反映了丝绸之路经济带地区固定资产投资效率不高，不能很好地促进经济发展。

③地方财政支出。丝绸之路经济带地区地方财政支出的增加对于经济增长起显著的促进作用，地方财政支出的弹性系数为 0.03，即地方财政支出在地方 GDP 中的比例上升 1 个百分点，将拉动经济增长率增加 0.03 个百分点，反映了丝绸之路经济带节点城市的地方财政支出效率比较高，更多地用于可以为地区创造增加值的产业（如教育、科技、基础设施等）。

④劳动力投入。劳动力的投入对于丝绸之路经济带地区经济增长起显著的促进作用，弹性系数约为 0.26，即就业人口在总人口中的比例每上升 1 个百分点，将拉动经济增长率增加 0.26 个百分点，说明随着劳动力的增加，社会生产规模扩

大，从而进一步促进了经济增长。

⑤人力资本。人力资本变量对经济增长的促进作用非常大，弹性系数约为0.9，即中学生在校人数占常住人口数量的比例每上升1一个百分点，将拉动经济增长率增加约0.9个百分点，说明提高劳动者素质对于丝绸之路经济带区域的经济建设起着十分重要的作用。

⑥产业结构。产业结构优化对经济增长的影响起微弱的负向作用，说明在丝绸之路经济带地区，第三产业不是主要的经济增长拉动产业，还是以一、二产业为主。

综上所述，建设陆港对于经济增长确实存在正向的促进作用，与理论相符。首先，一个地区货运量的增长将促进经济增长。其次，在将具体的陆港特征考虑在内后，可以得出由陆港建设带来的货运量增长将促进经济增长的结论，设立陆运口岸、设立特殊海关监管区以及运行中欧班列都将通过促进货运量的增长而促进经济增长，说明目前陆港建设影响经济增长的三种途径都发挥了显著的正向促进作用，即设立陆运通关口岸以完善陆港基础设施建设，实现货物通关、运输的便利化以促进地区贸易频繁度增加，从而拉动地区经济增长；建设保税物流中心、综合保税区等特殊海关监管区域，发挥产业集聚的作用，形成产业链及规模经济效益，以集中货源和扩大运输规模，从而拉动地区经济增长；中欧班列的运行增加了中国与欧亚之间的贸易往来频繁度，促进货运规模提高，从而拉动地区经济增长。从促进程度大小的角度来看，运行中欧班列 > 设立特殊海关监管区 > 设立陆运口岸，说明目前中欧班列的运行所带来的区域贸易繁忙度的增加对于经济增长的促进作用最大。

这一部分对丝绸之路经济带节点城市的陆港建设与经济增长之间的动态关系进行了分析，结果表明，以货运量为表征指标的陆港建设规模对于经济增长存在较强的促进作用。进一步研究由陆港建设所拉动的货运量增长对于经济的影响时，得出结论在丝绸之路经济带地区，节点城市的陆港建设对于经济增长确实存在正向的促进作用，目前陆港建设对经济起促进作用的主要途径有三种：①通关口岸的设立以实现货物运输便利化；②特殊海关监管区建设以形成临港产业集聚和关联效应，从而集中货源、扩大运输规模；③中欧班列运行促进了中欧国际运输和国际贸易的发展，这三种途径都通过提高地区货运量而进一步促进了经济增长。

六、结论及进一步研究展望

本文通过理论和实证研究了丝绸之路经济带节点城市的陆港建设对经济增长的影响。其中，理论方面对陆港相关理论进行梳理，包括陆港概念、分类与形成动因，以明确陆港内涵，并在此基础上运用区域经济发展理论从产业聚集和交通基础设施的外部性（网络效应、溢出效应）两个角度，定性地分析了陆港建设对于经济增长的促进作用；实证方面，运用协整分析、格兰杰因果检验、面板 VAR 及脉冲响应模型分析了陆港建设与经济增长之间存在互相促进的关系，并进一步用混合回归和 FGLS 估计分析了陆港建设对经济增长促进作用程度，得出结论：在丝绸之路经济带地区，节点城市的陆港建设对于经济增长确实存在正向的促进作用。目前陆港建设对经济起促进作用的主要途径有三种：①陆路通关口岸的设立以实现货物运输便利化；②特殊海关监管区建设以形成临港产业集聚和关联效应，从而集中货源、扩大运输规模；③中欧班列运行促进了中欧国际运输和国际贸易的发展，这三种途径都通过提高地区货运量而进一步促进了经济增长。

然而，将陆港建设放在经济学范畴内的研究还处于起步阶段，由于作者研究能力有限，有很多内容还待进一步深入研究，具体如下：

首先，从陆港自身发展来看，研究过程中发现很多丝绸之路经济带节点城市的陆港建设刚刚起步，近两年有许多城市的陆港开始正式运营，由于运营时间尚短，其对地区经济增长的影响作用可能还没有显现，因此，如果在陆港运营了一段时间之后再进行陆港建设对经济增长影响的研究应该会得到更精确的结果。

其次，从丝绸之路经济带节点城市的发展情况来看，各城市的发展水平不一，本文在研究过程中没有将城市发展的差异性考虑在内，而是将其放在一起研究其陆港建设对经济增长的作用，可能存在结果不准确的情况，因此，如果能进一步将城市发展差异性考虑放入模型中，可以提高模型的精准度。

再次，从实证分析中陆港的表征变量来看，本文选取货运量增长率作为陆港建设规模的表征变量，加入的陆港特征变量也都是基于其对货运量增长率的影响从而带动经济增长这个角度分析的，但陆港建设对于经济增长的影响可能不局限于以货运量作为中间的媒介变量，其他变量如地区交通基础设施密度、地区货运周转量等都可能成为理想的陆港建设表征变量，但本文鉴于数据可得性，只选取了货运量作为表征变量，因此，若能在实证研究中加入更多的陆港建设表征变量以作比较分析，实证结果将更加科学。

最后，陆港建设还处于起步阶段，各陆港城市如何发挥自身资源、区位优势，以借助陆港建设形成各自在“一带一路”倡议中的特色定位，是各个城市在建设陆港过程中需要考虑的重要问题，如果盲目兴建陆港、引起同质化竞争，将无益于内陆城市的经济发展。针对沿海港口发展，我国交通部曾于2006年出台了《全国沿海港口布局规划》，明确了各个区域港口的发展定位，以及设计了全国性的综合运输网络，并由中央指导地方来规划各个区域港口的发展，以促进各个港口差异化发展，合理利用资源，防止盲目竞争。对于刚刚起步的陆港建设来说，国家顶层设计亦尤为重要，以避免地方政府为凸显业绩而盲目建设陆港的现象发生。

“走出去”——“一带一路”对我国在沿线国家并购活动的影响[①]

一、绪论

（一）研究背景及意义

1. 研究背景

目前，世界经济还未从经济危机中彻底解脱出来，依然处在深度调整阶段。虽然从整体来看，全球经济稍有回暖，但是增长动力不足，预计在未来很长一段时间内将保持缓慢增长的态势。根据UN发布的《2018年经济形势与展望》显示，全球经济在2017年实现了自2011年以来最快的增长，增长速度达到了3%。美国、欧洲、日本等发达经济体仍然处于低迷状态，整体消费需求不足，投资增速放缓，对世界经济的增长很难形成强劲的拉动力。与发达经济体相比，虽然印度等新兴市场国家经济增长速度乐观，但由于经济规模不大，目前还无法成为带动世界经济的主力。此外，部分新兴市场国家还面临着经济结构单一、财政赤字过高等问题。在国际经济增长疲软的情况下，我国经济增长也放慢了步伐，从高速增长阶段进入了新常态阶段。产业升级、扩大内需以及培养新的经济增长点已经成为我国现阶段经济发展的首要任务。为了适应世界经济一体化的发展趋势，

① 其他合作者：王卉，女，硕士，就读于北京外国语大学国际商学院。

我国加快了对外开放的步伐，尤其是“一带一路”倡议的提出，标志着我国对外开放进程又迈上了一个新的台阶，为我国对外贸易、投资以及工程项目承包都开辟了更广阔的天地。

“一带一路”倡议强调更加全面、协调、高层次地“走出去”，通过增加对外投资来进一步带动我国设备、服务、货币、技术和文化的“走出去”。“一带一路”沿线的一些国家经济水平较低，基础设施薄弱，制造业发展落后，但具有丰富的资源以及巨大的潜在市场规模，与我国的经济具有很高的互补性。“一带一路”沿线国家在能源、化工、农业、IT、金融等方面都有很大的投资空间，为我国的跨国并购创造了更多的可能。根据 PwC 的统计报告显示，2017 年，中国海外并购的总金额为 1214 亿美元，与 2016 年相比共减少了 42%，但与此同时中国在“一带一路”沿线国家的跨国并购规模却呈现出爆发性的增长。截至 2017 年年底中国在“一带一路”沿线的跨国并购规模达到了 214 亿美元，“一带一路”无疑已经成为一个新的增长点。

另外从并购主体来看，虽然在 2017 年民营企业和国有企业海外并购活动整体减少，但是民营企业海外并购活动依然占有很大的比重。2017 年民营企业海外并购案例数达到了 609 起，占到了中国海外并购总量的 60%，并购规模达 1100 亿美元以上，这已经是民营企业海外并购数量连续第二年超过了国有企业的海外并购数量。而国有企业海外并购案例共有 195 起，并购总规模约为 680 亿美元，财务投资者海外并购也占 2017 年总案例数到了 30% 左右。此外，中国在一带一路沿线地区的并购交易数量大幅增长，其中，民营企业占各类跨国并购企业总数的 94% 以上。民营企业正在逐渐发展成为推动“一带一路”的主力军，同时，“一带一路”也为民营企业“走出去”搭建了一个良好的平台，提供了强有力的政策支持。在这样的一个新时代，新政策下，围绕“一带一路”展开研究就显得尤为重要。

2. 研究意义

（1）现实意义。

“一带一路”是我国从资本输入国转向资本输出国的重要标志，自 2013 年该倡议被提出之后，我国不断地推进落实相应的配套政策，为我国企业在沿线国家的跨国并购提供了充分的的支持和绝佳的发展平台。在资金融通方面，先后成立了“丝路基金”和亚投行等金融服务机构。在制度保障方面，我国不仅与“一带一路”沿线国家签订了多项双边合作备忘录，还与沿线国家签订了双边或多边投资协定。然而，我国海外并购，尤其是在“一带一路”沿线国家的并购并不总是一帆风顺的。“一带一路”沿线国家民族宗教以及传统风俗迥异、地缘政治关系十分复杂、经济发展水平也参差不齐，这都对我国企业在“一带一路”地区的跨国并购活动形成了影响，增加了我国企业的并购成本，“一带一路”倡议对我国企业的跨国并购活动而言是风险跟机遇并存。近年来，中国企业在“一带一路”沿线并购失败的案例时有发生，失败率也一直居高不下。例如 2015 年 6 月复星集团宣布收购以色列的一家名为凤凰保险公司的保险和金融服务公司，计划收购 52.31% 的股权，但时隔将近一年之后，由于受到以色列国家安全问题、当地媒体和公众普遍的抵制态度影响，复星集团不得不宣布放弃收购；中国海外工程总公司在 2009 年成功中标波兰高速公路项目后，由于语言和文化差异最终导致后期成本上升，不得不提前终止建设……

对于积极寻求海外发展机会的我国企业来讲，在把握好“一带一路”机遇的同时，还要准确识别东道国的潜在风险。本文不仅对“一带一路”的政策效应进行研究，而且还通过分析交叉变量，对东道国的宏观影响变量进行了深入分析。这不仅可以为我国“一带一路”后续的政策制定提供建议，便于从政策层面进行优化完善，为我国企业走出去提供更有效的支持，还可以对我国企业起到指导作用，以避免我国企业在跨国并购的目标选择上可能存在的盲目性。

（2）理论意义。

传统的跨国并购理论研究主要是从以下三个方面展开：第一，企业层面。这部分研究主要是集中于跨国企业的战略目标、管理体系以及财务指标对于跨国并购成败的影响、跨国并购对企业绩效的影响和进入模式的选择。第二，行业层面。这部分主要分析不同的产业类型会形成不同程度的产业壁垒，进而对跨国并购的成败产生影响。第三，国家层面。国家层面的研究主要是研究东道国的市场规模、营商环境、政治制度、文化、经济开放程度以及与东道国之间的双边关系等因素对跨国成败的影响。从目前国内外关于跨国并购的研究来看，很少有关于政策对跨国并购影响的实证研究。

当前针对“一带一路”的研究主要有两个方向：一方面是贸易领域，这部分研究主要是分析政策对贸易的促进效应、影响双边贸易的因素；另一方面是直接投资领域，该部分研究主要是运用引力模型、拓展的引力模型或者是 logistic 回归分析中国对外直接投资的影响因素，抑或者用‘泊松分布’来研究我国在“一带一路”沿线国家直接投资的区位选择。目前针对我国在“一带一路”沿线国家跨国并购的研究较少，而且大多也都只是停留在定性分析的层面，少有在并购方面的实证研究。

所以本文通过利用 PSM-DID 模型来对“一带一路”倡议对我国在沿线国家跨国并购所产生的效应进行分析，不仅在一定程度上补充了当前“一带一路”领域的研究，而且还可以在跨国并购研究方面增加政策效应的量化分析。

（二）文献综述

根据《“一带一路”跨境并购研究报告显示》，我国 2000 年至 2016 年中国企业已宣布和已完成的海外并购案达 2996 宗，其中在“一带一路”沿线国家的跨国并购共有 196 宗，并购总额达 442.8 亿美元，尤其是 2017 年我国在“一带一路”沿线的并购呈迅猛增长的态势。我国企业跨国并购的快速上涨，不仅会改变我国的经济结构和经济增长方式，而且还会对国际经济格局以及全球投资结构产生影响，因此吸引了越来越多的国内外学者以及政策制定者进行研究。由于从“一带一路”倡议提出到现在仅有四年的时间，相关方面的研究还不是很多，所以本文文献综述并未局限于“一带一路”的跨境并购研究，而是对与本文研究内容相关的文献进行了梳理归纳。纵观已有的文献，可以看到有关中国海外并购的研究主要集中在跨国并购的动机、模式、影响因素、区位选择以及对国内产业结构、就业和出口的影响等方面，并且大部分研究主要是在企业层面和国家层面进行研究，研究发现我国的跨境并购具有独特的发展模式。

1. 国外文献综述

从 20 世纪七八十年代开始，跨国并购实践愈演愈烈，并且逐步超过了创建投资成为跨国企业对外直接投资的主要方式。随着跨国并购活动的不断发展，理论界关于跨国并购活动的研究也逐渐丰富起来。由于跨境并购活动在西方国家开始较早，发展的时间较长，所以目前国外学者对跨境并购的研究更加系统完善。国外学者关于跨国并购影响因素研究大致可以分为理论研究和实证研究。

理论研究大体上可以分为以下五种：①交易费用说。Hennartt 和 Park 早在 1993 年时就强调交易费用是一种工具，并用该工具来分析跨国企业对外投资的模式选择。他们认为，当跨国企业不具有技术和管理优势，或者在非相关行业扩张时，可以采用并购方式进入以降低交易成本。②企业并购论。企业并购论主要是研究企业发生并购行为的动因，该理论的著名代表学者威斯认为企业发生并购行为主要是由于金融市场的变化、国家间的税收政策差异或者资源和能力转移三方面因素导致的。③企业成长理论。这个理论认为人力资源及其派生的管理和技能是企业至关重要的资源，并从人力资源的角度来分析对企业跨国并购的影响。④企业组织理论。该理论并没有从企业或者是国家层面进行分析，而是在行业层面研究产业壁垒的高低对跨国并购行为的影响。⑤组织学习理论。组织学习理论认为跨国并购可以通过多元化来丰富企业的知识，但同时企业自身的组织学习方式会决定并购行为是否能够成功，进而影响并购的决策。该理论强调当企业不具备管理或者技术优势时，可以通过跨国并购的方式来获取目标企业的优势资源。

关于跨国并购的实证研究涉及企业层面、行业层面以及国家层面的影响因素，主要可以分为两类：一类是综合考虑了多个层面的因素，例如 Jorma Larimo 运用 logistic 回归验证了包括企业多样化程度、研发投入以及国际化经验在内的 12 个因素对企业跨国并购的影响。另一类则是侧重研究某一层面或者某个具体因素。由于本文主要研究的是“一带一路”沿线东道国的宏观环境对于中国企业跨国并购的影响，所以此处主要对国家层面的研究进行归纳梳理。Verber 和 Shenkarandraveh（1996）认为文化距离是影响跨国并购行为关键因素，跨国并购更容易发生在文化相同或者相近的国家之间。Moshfique Uddin 和 Agyenim Boaten（2011）研究发现东道国的 CPI，GDP 和汇率对英国跨国企业的并购行为有较大的影响。Sian Owen 和 Afred Yawson（2010）研究发现美国的跨国企业一般都会选择 HDI 较高的国家，即倾向于社会发展水平较高的国家，并且教育水平以及电话的普及率等因素也会产生一定的影响。Guardo et al. (2016) 认为，东道国的腐败程度会增加企业跨国并购的隐性成本，并通过研究发现东道国的腐败程度与跨境并购的最优控制模式之间实际上是呈 U 形关系。Desbordes 和 Vicard（2009）认为，母国可以通过外交政策以及国际政治地位，为本国企业进行对外直接投资提供保障，降低投资的政治风险。

此外，国外的学者也针对中国企业跨国并购行为进行了研究，Child Rodrigues 认为中国企业在进行跨国并购时具有一定的特殊性，即不完全遵循一般的私营企业的理论最大化原原则，中国的政治环境和企业性质决定了大部分企业在对外实施并购的时候通常会受到国家产业政策以及宏观经济利益的影响，因此中国跨国并购的整体投资流向可能与一般的资本流动规律不同，中国企业跨国并购的影响因素也会与其他国家不同。Ramasamy et al. 从微观角度对我国的国有企业和民营企业在对外扩张决策上存在的差异进行了研究，他利用多项泊松分布模型对我国民营企业和国有企业的投资区位差异进行检验，研究发现国有企业更倾向于在自然资源禀赋较高，但是政治风险同样很高的国家进行投资。Duanmu 在 Ramasamy et al. 的基础上又进行了更深入的研究，他发现民营企业也倾向于投资自然资源丰富的国家，其目的很可能是为了利用国有企业在这些国家的投资以获得关联的产品或服务。此外他们还发现，国有企业更加注重寻求战略资产，所以一般来说东道国的技术优势对国有企业的吸引会更大。不同于国有企业，民营企业更容易受到市场寻求因素的影响。

“一带一路”倡议的落地实施，同样也吸引了很多国外学者的关注，他们更多的是从政治意义、双边或多边关系的角度对“一带一路”倡议进行讨论。Hofman（2015）认为，“一带一路”倡议能够促进沿线国家以及全球经济的发展，尤其是对那些经济欠发达的地区，这一政策将发挥更大的作用。Kennedy 和 Parker（2015）认为，基础设施建设是“一带一路”倡议的一大主题，做好“一带一路”沿线的基础设施建设及投资，有利于中国和沿线国家的可持续协同发展。

2. 国内文献综述

虽然跨国并购在中国起步较晚，但近年来跨国并购活动愈演愈烈，引发了国内学者对跨国并购行为进行研究。目前国内学者对跨国并购的研究主要集中在跨国并购行为的动因分析，绩效评判、方式选择、影响因素等方面。该部分也依然围绕本文的研究内容进行归纳整理。

闫大颖（2007）通过分析代表市场潜力的各项指数与跨国并购之间的实证关系，发现东道国的市场发展潜力对跨国并购的活跃度具有正向的促进作用，良好的市场综合环境可以吸引更多的跨国并购。张建红、卫新江等（2010）通过对企业层面、行业层面以及国家层面三方面的因素的综合研究发现，东道国的政治势力、行业敏感度、经济关联度、企业的所有权属性、并购过程等都会对企业并购成败产生影响。吴静芳、陈俊颖（2008）利用 logistic 模型对我国 2000—2005 年在 A 股上市的企业样本进行回归分析，发现企业成长率、多元化经营战略、跨国并购经验、东道国文化差异以及经济发展水平会对跨国并购决策产生重要影响。张建红、周朝鸿（2010）以国有企业为主要研究对象，主要研究制度因素对于跨国并购的影响效果，研究发现东道国的制度因素实际上对跨国并购的影响并不显著，但这并不意味着东道国的制度因素不重要，制度因素可以通过对其他因素的影响作用于跨国并购，例如东道国的制度因素会对产权保护因素产生负向调节作用，从而对跨国并购产生负向影响。同样，李秀娥、卢进勇（2013）也对东道国的制度因素进行了研究，他们认为母国和东道国之间的投资协定和企业并购的成功经验能够减弱东道国的制度约束作用，从而有利于提高企业跨国并购的成功率。郭健全、谢新新（2015）研究了母国与东道国之间的地理距离和文化差异对跨国并购所有权安排的作用，实证结果表明，若文化差异增大，企业在跨国并购时更倾向于收购目标企业 100% 的股权。若地理位置距离增大，企业在跨国并购时更倾向于合资。

虽然我国目前关于跨国并购的研究很多，但针对我国企业在“一带一路”沿线跨国并购的研究并不是很多。陈伟光、郭晴（2016）运用扩展的引力模型，对 2004—2013 年我国企业在“一带一路”沿线国家直接投资的样本数据进行实证分析，分析结果表明，我国在“一带一路”沿线国家的投资流量与东道国的市场规模、我国的经济发展程度以及与我国的经济关联度正相关，与地理位置呈现出负相关关系。此外研究结果还表明，中国在“一带一路”沿线国家投资潜力巨大，区域选择也有很多余地。郭烨、许陈生（2016）基于我国企业在“一带一路”沿线国家2003—2013年跨国并购的面板数据，考察了双边高层会晤对我国跨国并购的促进效应，研究结果表明双边高层会晤对我国在“一带一路”沿线国家的跨国并购具有显著促进作用，出访的促进效应要高于接待来访的促进效应。协天紫光、张亚斌、赵景峰（2017）分析了东道国的政治制度对我国在“一带一路”沿线国家直接投资的影响，实证结果显示我国的对外直接投资以规避政治风险为主，更倾向于政治稳定、投资环境良好的国家，并不是很关心东道国的腐败控制程度。

同样，当前关于“一带一路”倡议政策效应研究，大部分的研究还主要处于定性分析阶段，少有文献进行实证分析。孙楚仁、张楠和刘雅莹（2017）基于1996—2014年间我国出口贸易的数据，运用双重差分模型对“一带一路”倡议是否会促进我国对“一带一路”沿线国家出口进行了实证研究。此外，王培志、潘辛毅和张舒悦（2018）利用双重差分模型对2009—2015年的中国在“一带一路”沿线国家投资和非“一带一路”国家投资的样本进行检验，实证结果显示，一带一路建设显著促进了我国在沿线国家的直接投资，同时东道国良好的政治制度可以增强东道国自然资源对我国直接投资的吸引力。

在已有文献的基础上，本文利用PSM-DID模型来分析“一带一路”倡议对我国在“一带一路”国家跨国并购的政策效应，明确了“一带一路”对我国的跨国并购具有促进作用，并结合东道国的市场规模、制度环境、双边贸易等因素实证分析我国国企在“一带一路”沿线国家并购的影响因素。

（三）研究内容和研究方法

1. 研究内容

本文研究的主要内容是“一带一路”倡议对我国在“一带一路”国家的跨国并购所产生的政策效应，本文将在六个方面对该主题进行详细阐述，其主要内容如下：

第一为研究背景及研究意义。本文绪论部分主要介绍了研究背景及研究意义，并且通过梳理归纳国内外关于跨国并购影响因素研究的相关文献，为本文后续的研究提供理论支持。此外，在此部分，作者还对本文的研究内容、研究方法以及技术路线进行了详细说明。

第二为相关概念及理论基础。该部分除了对本文涉及的核心概念进行界定，还详细介绍了跨国并购影响因素的理论框架。基于该部分的理论基础，本文将在第四部分及第五部分构建实证模型，分析“一带一路”政策下，我国在沿线国家跨国并购所受到的东道国宏观影响因素有哪些。

第三为“一带一路”跨国并购的特征分析。该部分从我国在“一带一路”沿线并购的投资规模、区域分布、行业分布、投资主体以及投资方式对比等方面进行描述性分析。通过描述性分析，可以直观地了解到“一带一路”对我国跨境并购带来的影响，但具体“一带一路”倡议如何影响我国跨国并购，影响程度又有多大，还需要通过第四部分的实证进行分析。

第四为实证分析。该部分主要内容是基于2008—2016年我国在“一带一路”沿线跨国并购的样本，利用PSM-DID模型进行政策效应分析。按照研究方法及研究思路，该部分主要涉及如下几个步骤：研究假设、变量设计、模型设定、变量统计描述、模型构建、稳定性检验以及实证结果分析。

第五为研究结论和启发。该部分通过总结第四部分的实证结论，有针对性地从政策层面以及企业层面提出具体的建议。

第六为局限性和展望。该部分说明了本文的不足以及下一步更深入的研究方向。

2. 研究方法

跨国并购行为较为复杂，并购过程涉及多个主体、多项环节以及不同地域，为了从不尽相同的一般并购实践当中发现所要研究的问题，需要有充分的理论基础，运用合理的研究方法。为了实现对“一带一路”倡议对我国在沿线国家跨国并购的政策效应研究，本文拟采用以下几种研究方法：

（1）系统分析法。在本文的研究当中，为了准确检验的“一带一路”的政策效果，不仅会涉及交易成本理论、产业组织理论等关于跨国并购影响因素的理论体系以及大量的实证研究成果，还需要准确运用于分析政策效应的计量方法。由于本文的研究内容目前尚未被广泛探讨，所以采用运用系统思维的科学分析方法从大量的理论文献中梳理出相关的理论成果、研究思路以及研究方法是十分必要的。

（2）规范分析和实证分析。本文的研究结合了规范分析和实证分析，运用规范分析方法分解复杂的跨境并购活动，在确定核心环节之后结合现有的理论对该实践活动进行评估，构建出“一带一路”倡议对我国在沿线国家并购影响的理论框架和研究假设。为了验证假设前提，本文在实证研究中以2008—2016年中国在“一带一路”国家跨境并购的案例作为分析样本，对DID模型进行OSL回归，所以在本文中，规范分析和实证分析并不是相互独立的。

（3）定性研究和定量研究。由于“一带一路”地区的投资环境复杂，单独运用定性分析或者定量分析，都无法准确地证明我国在“一带一路”沿线国家跨国并购的爆发式增长在多大程度上是由于“一带一路”倡议促进的。本文在第三部分利用“一带一路”相关的统计数据进对中国在沿线国家的并购规模、区域选择、行业分布以及投资主体特征进行定性分析，并在第四部分中利用Stata构建DID模型对“一带一路”倡议的政策效应进行定量的统计分析。

3. 技术路线

本文的研究将严格按照图1所示技术路线展开。首先，本文从实际现象中提出问题，并基于充分的理论研究和计量方法研究进行可行性分析。其次，利用官方公布的统计数据对“一带一路”沿线我国跨国并购的特征进行定性分析。最后运用倾向得分匹配和双重差分模型分析“一带一路”的政策效应以及东道国的宏观因素如何影响我国在“一带一路”沿线跨国并购，并根据研究结果提出相应的启发。

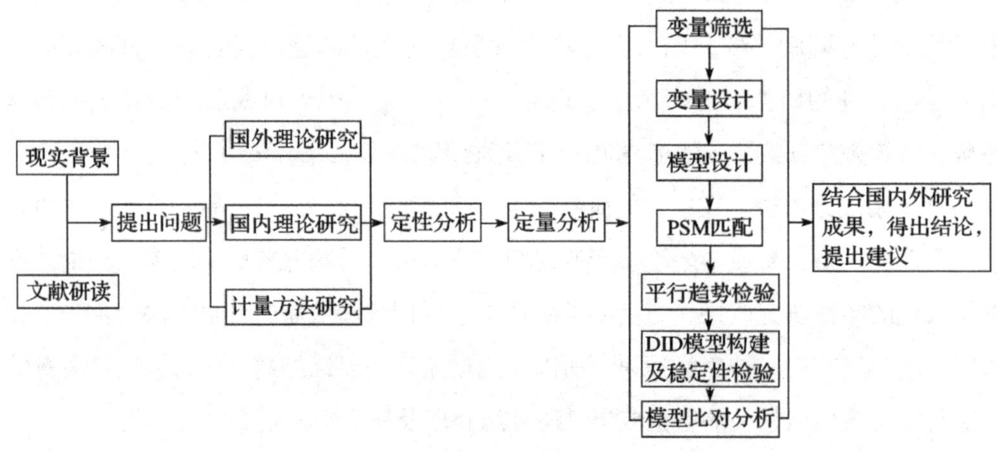

图1 技术路线

（四）创新点及不足

首先，本文的创新度体现在研究方向上。随着跨国并购的发展，国内外的学者已经对跨国并购进行了深入、全面的理论及实证研究。同样，随着“一带一路”倡议的提出以及相关政策的不断推进落实，越来越多的学者开始关注并从不同的角度对中国这一战略性举措进行研究。由于“一带一路”倡议提出的时间不长，沿线投资环境较为复杂，并且中国企业的跨国并购行为又存在一定的独特性，所以虽然目前逐渐开始有学者对中国与“一带一路”沿线国家的贸易、中国在“一带一路”沿线的直接投资进行实证研究，但是针对中国在“一带一路”沿线跨国并购的研究却很少。本文之所以选择该问题，主要有两方面的原因。一方面，跨国并购目前是对外直接投资的主要方式，并且根据统计数据显示，我国在“一带一路”沿线的投资方式虽然目前以绿地投资为主，但跨国并购的增长速度要高于绿地投资。另一方面，我国“一带一路”倡议已经提出 4 年，从统计数据来看，不论是在贸易还是直接投资方面，都颇有成效。

其次，本文的创新度体现在研究方法上。在计量经济中，DID 模型被广泛地应用于政策效果的检验。由 DID 模型的使用需要满足三个假设，即政策冲击发生要具有随机性，实验组和控制组的选择要具有随机性，实验组和控制组的差异随时间变化的趋势是一致的，在使用普通的 DID 进行政策效应分析时会存在一定的局限性。本文采用 PSM-DID 模型，在构建 DID 前先对样本进行倾向得分匹配，以确保 DID 能够准确反映政策效果。但是从目前的研究成果来看，大多数学者对“一带一路”政策效应的研究还停留在定性分析上，少有实证分析。

本文的不足之处有两点。第一，DID 模型中所加入的控制变量都属于东道国的宏观因素，本文并未对行业以及企业层面的因素进行分析。第二，我国跨国并购发展比较晚，再加上“一带一路”国家投资环境较为复杂，对“一带一路”沿线国家跨国并购的案例累计数量相比于对我国总体跨国并购的研究，样本量较小。

二、相关概念及理论基础

（一）跨国并购的概念界定

近年来，随着世界经济一体化的发展，全球FDI规模不断扩大，其中广泛被采用的FDI进入方式有两种：一是绿地投资（Greenfield Investment），即跨国公司依照东道国的法律，在东道国通过合资或独资的方式新设企业；二是跨国并购（MA），即跨国公司通过收购其他国家的目标公司全部或者部分股份，以取得对目标公司的控制权。此外，根据联合国贸易与发展大会的定义，跨国并购又可以具体被分为两类：一种是跨国公司收购目标公司的股权要达到10%以上，另外一种是跨国企业按照法定程序，通过吸收合并或者新设合并的方式形成一家新的企业。

虽然在全球FDI活动中，跨国并购的规模早已远远超过了绿地投资，但跨国并购在我国发展较晚，直至2002年才开始逐渐升温。根据2016年度中国FDI统计公报显示，我国跨国并购交易规模已经从2004年的30亿美元上升到2016年的1353.3亿美元，占中国对外直接投资总额的比重从54.4%下降至44.1%。在我国2016年765起跨国并购项目中，共有115起是对“一带一路”沿线国家的并购项目，并购金额达66.4亿美元，占并购总额的4.9%。本文中主要是以2008—2016年我国企业对“一带一路”地区跨国并购案进行研究。

（二）理论基础

自20世纪90年代以来，跨国并购作为对外直接投资的主要形式，受到了学术界广泛的关注。目前较为成熟的理论有交易成本理论、产业组织理论、组织学习理论、企业并购理论以及企业成长理论。以下将会对以上五种理论的理论内容以及解释力度进行阐述。

1. 交易成本理论

科斯在20世纪70年代中后期，最早提出了交易成本理论，并在《企业的性质》一文中完整地阐述了市场内部化理论。由于市场并不是完全有效的，所以当企业通过市场交易或者内部资源配置两种方式来扩张生产规模时，相比于在不完全市场机制中进行外部交易，可以有效利用管理机制进行内部资源配置，有利于企业掌握主动权，占据优势地位，从而降低成本费用。此后，威廉姆森等人在市场内部化思想的基础上，进行了更深入的研究，他认为交易成本主要取决于资产专用性，如果资产专用性较高，在企业内部进行生产就可以有效降低交易费用，若资产专用性较低，外购会降低交易成本。同时，Gatignon 和 Anderson 提出了交易成本分析范式（TCA），主要是应用于进入方式的选择。他们认为不同的市场进入方式会形成不同程度的“控制权”，并对未来的回报率产生深刻的影响，所以当企业寻求最小的交易成本时，还需要着眼于对外投资的长期回报率。

并购通过前期资本的转移获得所有权，并对被并购企业进行管理控制，是一种典型的降低交易成本的方式。交易成本理论对并购的解释如下：由于在不完全市场中，内部协调总是优于市场买卖关系，所以并购可以通过内部的组织提高企业的经济效率，减少交易成本。此外交易的不确定性、交易频率以及资产的专用性还可以有效地解释纵向一体化并购，交易的不确定性越大，交易的资产专用性越高，交易频率越大，就越容易考虑通过纵向并购降低交易费用，从而提高经济效益。比如内部化理论著名的代表巴克利和卡森就在《国外市场进入战略分析——内部化理论延伸》中提供了一种分析跨国并购影响因素的有效工具，他们把交易费用作为分析工具，引入成本—收益分析方法，从东道国的宏观环境、产业环境以及内部因素三个方面对跨国公司市场进入行为进行分析，考量哪些因素会导致交易费用。

虽然交易费用理论对跨国并购影响因素分析提出了一种有效的方法，但其本身也有一定的局限性：交易费用理论是分析不完全市场条件下的跨国并购影响因素，但对于一些因素不能完全解释，比如跨国公司主体的目标、目标公司的特殊资产、政府政策以及行业环境特征等。

2. 产业组织理论

产业组织理论认为，由于自身因素以及外部环境的限制，企业在进入一个新的行业时，往往会面对各种阻碍，即产业壁垒。产业壁垒根据产生的原因不同可以分为政策壁垒、规模壁垒以及技术壁垒等。为了有效地降低甚至消除这些壁垒，企业可以通过对行业内的企业进行并购，获取现有行业内企业的资源，如，生产能力、技术、人事、渠道、市场等。通过这样的方式，从而更加有效地进入一个新的行业或者地域。实践证明，目标行业或者地域的产业壁垒会直接影响跨国公司的并购决策。

对活跃于国际市场上的跨国公司而言，跨国企业在并购时候所面临的产业壁垒会更高，对并购决策的影响也更显著。在进行跨国并购时，由于东道国往往都对外资流入设置了很多限制以实现本国的产业政策，且在政治、经济、法律、人文等方面也都存在较大的差异，使得跨国并购的难度加大。比如在电讯、石油这样的行业，即使是一些资金充裕、实力雄厚的跨国公司，很多时候也只能采用并购的方式进入东道国，很难进行绿地投资。

以往关于影响跨国并购因素的研究，大多集中在企业自身层面的微观因素以及东道国宏观层面的因素，而产业组织理论的提出弥补了以往理论对产业层面因素的研究缺失。

3. 组织学习理论

组织学习理论解释了组织内部的学习方式对跨国并购决策影响，该理论认为，企业通过国籍或者市场多元化，可以获取更多的经验，达到学习新知识的目的。跨国企业通过对外直接投资实现地域以及业务的多元化时，组织学习会对外直接投资方式的选择产生直接影响。

Vermeulen 以及 Barkema 最先运用该理论来解释对外直接投资方式的选择。他们指出，跨国公司可以通过对外直接投资来实现地域或者市场的多元化，并以此来丰富公司拥有的市场和技术知识，但是知识在多个部门之间进行转移的时候，往往会受限于相关的组织学习特征并形成交流障碍。当跨国企业在组织管理以及核心技术等方面具有竞争优势时，一般都会选择采用绿地投资，因为相较于跨国并购来讲，绿地投资可以降低组织冲突，进而形成较小的组织学习成本，提高组织学习的效率。当企业不具有组织管理或者技术优势时，则可以采用并购的方式来获得被并购公司的优势资源。

组织学习理论实际上是从企业内部来研究影响跨国并购的因素的角度出发，分析了组织学习方式、组织冲突以及企业文化差异等对研究跨国并购行为的影响。相比于交易成本理论以及产业组织理论，组织学习理论提供了一个全新的研究视角，但其局限性也显而易见。组织学习理论只从企业内部因素出发，没有涉及东道国的宏观或者行业因素的影响，虽然在一定程度上能够对跨国并购影响因素做出解释，但其论证力度并不足够。

4. 企业并购理论

企业并购理论主要研究了引起企业并购行为的动因，根据威斯通的归纳，跨国并购理论中主要以下几种学说：无效率的管理者、财务协同效应、经营协同效应、战略性重组、价值低估、信息与信号理论、代理问题与管理注意理论、经理阶层‘自大’假说、市场力量、税收因素、再分配。而这些学说又可以被划分为三个大类，即企业协同效应理论、目标公司价值低估理论以及经理个人目标理论。西方学者主对跨国并购的影响因素进行了阐述，主要体现在以下三个方面：

首先，金融市场的变化。在不完全股票市场上，股票的定价机制经常会发生偏差，股价无法准确反映公司的实际价值。同样，在不完全的汇率市场中，汇率也未必能够完全反映两种货币之间的真实比价。所以当金融市场上股价过低、投资母国货币升值时，会引起目标公司价值被低估，在这种情况下，跨国公司可以选择以并购的方式进入东道国，获得被低估的资产。但金融市场的变化往往对跨国并购只能产生短期影响，并且根据以往的并购案例显示，大多数的被并购企业都存在严重被高估的现象。

其次，企业资源与能力转移。跨国企业是否能实现 1+1>2 的协同效应，主要取决于合母公司与被并购企业资源整合的效率。一般认为绿地投资的资源整合效率是最高的，从生产销售、公司治理、技术开发、人事安排等方面都有较强的主动管理权，不会像跨国并购一样，还会受到被并购企业组织架构、企业文化、厂房设备的限制，尤其是存在较大文化差异的情况下，企业资源与能力很难转移到经营环境陌生的东道国。所以为了实现协同效应，当跨国公司具有资源优势时，可以选择绿地投资，反之，可以选择并购方式。

最后，税收和会计政策的差异。由于不同国家在税收和会计政策上存在差异，所以财务协同效应理论认为，跨国公司除了可以直接利用一些会计法规以外，还可以在跨国并购时利用不同国家的商誉摊销政策或税收抵扣政策来减少税金的支出。

三、中国对“一带一路”国家跨国并购发展及现状分析

（一）并购规模

从2000年起至2016年，中国对“一带一路”国家的跨境并购有196起，占全球对“一带一路”国家并购总数的1.49%；累计金额高达442.8亿美元，占全球对“一带一路”国家并购总额的3.37%。在这16年里，中国对“一带一路”国家的跨境并购大致可分为两个阶段：初始阶段（2013年以前）和大发展阶段（2013年以后）。第一，在初始阶段，中国对“一带一路”国家跨境并购的并购规模较小，年均并购金额仅为51.2亿美元。第二，在大发展阶段，中国对“一带一路”国家跨境并购的并购规模逐年增长，尤其是2013年中国在“一带一路”沿线国家的并购总金额高达348.3亿美元，2016年更是创下并购金额总量的新高，中国对“一带一路”国家跨境并购的金额占“一带一路”国家跨境并购总额的11.21%。这主要是由于几笔大规模的并购投资导致的，例如中石油对俄罗斯东西伯利亚气田项目（100亿美元）、哈萨克斯坦卡什干油项目（53亿美元）和里海近海项目（50亿美元）的并购投资。

纵观整体，中国对“一带一路”国家跨境并购的并购规模曲折上升，虽出现波动但具有稳定增长的趋势。并购总额占全球对“一带一路”国家并购总规模的比例也逐年增加。在2006、2009、2013和2016年更是创下中国对“一带一路”国家跨境并购规模的高峰（见图2）。总之，在中国对“一带一路”国家跨境并购的过程中，并购总金额较高，承担的风险也因此较大。

中国在“一带一路”沿线国家的并购总额占中国境外并购总额的比例差异较大，高份额为35%（2013年），低份额仅为1.3%（2007年）和1.6%（2012年）。但是在2014—2016年，中国对“一带一路”国家的并购份额趋于稳定，在14%

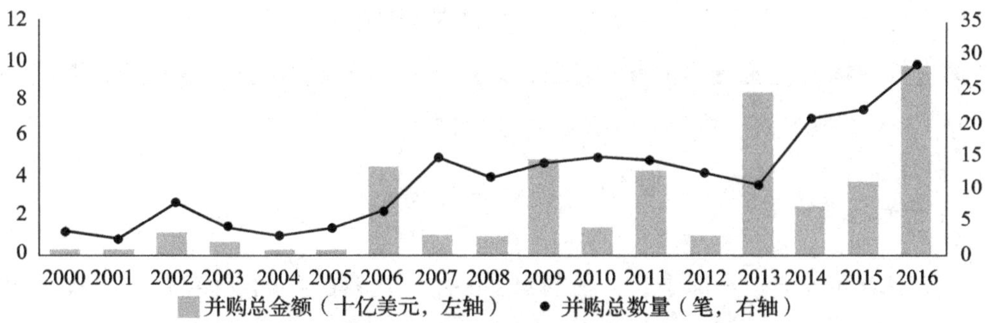

图 2 中国对“一带一路”国家的跨境并购规模

数据来源：“一带一路”跨境并购研究报告. 北京：清华大学数据科学研究院，中国社科院世界经济与政治研究所，汤森路透，清数研究，2017.

水平上下波动，达到了 2005—2016 年的平均水平（见图 3）。总之随着中国对“一带一路”政策的重视与推进，可以预测未来中国对“一带一路”国家跨境并购的并购规模会逐渐增加。

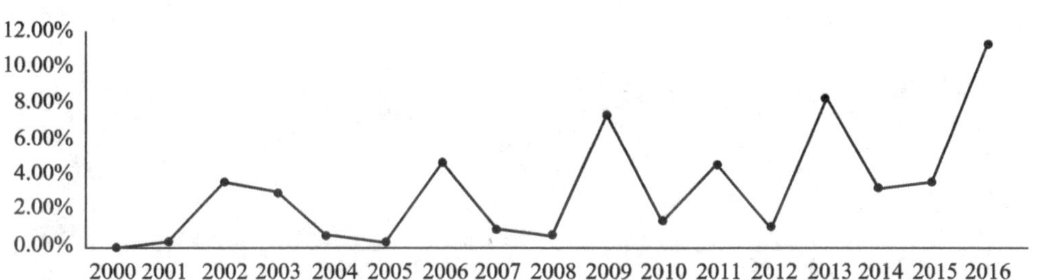

图 3 中国对“一带一路”国家并购总额占“一带一路”国家被并购总额的比例

数据来源：“一带一路”跨境并购研究报告［R］. 北京：清华大学数据科学研究院，中国社科院世界经济与政治研究所，汤森路透，清数研究，2017.

（二）投资方式

从投资形式来看，中国对“一带一路”沿线国家的投资主要是绿地投资，并购次之。2005—2015 年，中国对“一带一路”国家的投资中，绿地投资占 63.5%，并购方式占 36.5%。在此期间，中国平均每年的绿地投资、并购规模分别为 165.9 亿美元、95.5 亿美元。但是在 2013 年，中国对“一带一路”国家的并购投资高于绿地投资，原因是中石油、中石化对俄罗斯和哈萨克斯坦的 4 笔能源项目并购总额便高达 234 亿美元。纵观整体，可以发现，中国对“一带一路”沿线国家的绿地投资规模高于并购规模，究其原因，可能是因为存在行业投资壁垒。例如，在中国进行并购的主要行业（如，能源、矿产和基础设施建设）大都是国家的命脉产业，行业门槛较高，中国企业并购的难度较大。

（三）区域分布

从跨境并购金额指标来看，中国对“一带”国家的并购规模高于“一路”国家，其中，中国对“一带”国家的并购金额为344.51亿美元，而对“一路”国家的并购金额为171.71亿美元（见图4）。从累积并购数量指标来看，“一路”国家则高于“一带”国家（见图5），其中，中国对“一带”国家的并购数量为74笔，占比为35.41%，而对“一路”国家的并购数量为135笔。结合两个指标，可以发现，中国对“一带”国家跨境并购的金额较高而数量较低，说明中国对“一带”国家的平均单笔投资规模大于“一路”国家的投资金额。

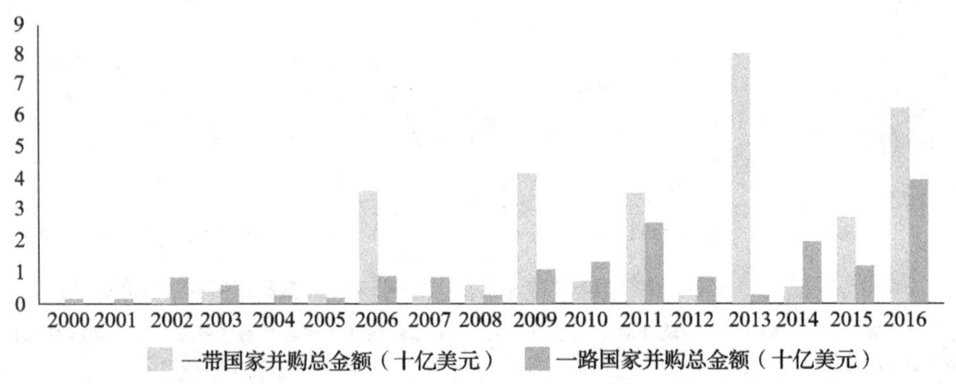

图4 中国对“一带一路”国家的跨境并购金额的区域分布

数据来源：“一带一路”跨境并购研究报告［R］. 北京：清华大学数据科学研究院，中国社科院世界经济与政治研究所，汤森路透，清数研究，2017.

通过分析2005—2016年中国在“一带一路”国家的并购金额分布，可以得出以下结论，第一，中国在东盟发生大规模跨境并购，是中国对“一带一路”国家并购的主要目的地。2005—2016年，中国在东盟的并购金额总量为415.3亿美元，占中国在“一带一路”国家并购量的30.2%。第二，中国在独联体、中亚、西亚的并购规模低于东盟，但在这几个地区不相上下。根据数据显示，2005—2016年，中国对独联体、中亚、西亚的累计并购量分别达283.6亿美元、270.4亿美元、239.4 亿美元，占中国在“一带一路”国家并购的份额依次为 20.7%、20.0%、17.4%。第三，中国对东亚、中东欧的并购规模最低，仅占到一小部分。

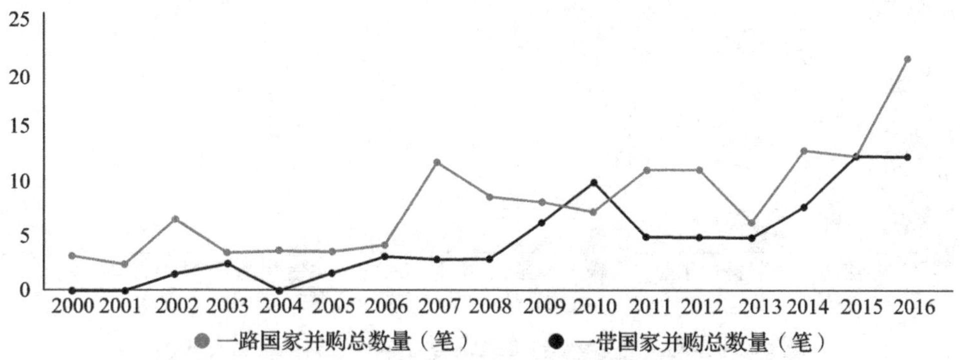

图 5 中国对“一带一路”国家的跨境并购数量的区域分布

数据来源：“一带一路”跨境并购研究报告［R］. 北京：清华大学数据科学研究院，中国社科院世界经济与政治研究所，汤森路透，清数研究，2017.

在不同的地区，中国跨境并购侧重在不同的行业。第一，在东盟地区，跨境并购涉及多个不同行业，主要有能源与采矿、公共事业、油气、计算机与电子、金融、房地产等多个不同领域的行业；第二，在西亚，中国在并购投资的时候，主要侧重在化工、石油天然气和电子计算机行业；第三，在中东欧，中国的跨境并购主要发生在化工、金属、公共事业与能源和交通等行业；第四，在独联体、中亚，中国的并购集中于石油天然气领域。有数据显示，2005—2016 年，中国在独联体、中亚的石油天然气行业的并购份额分别高达 74%、81%；第五，在南亚，中国的并购分布在电子计算机、公共事业与能源等行业。

（四）行业分布

从整体来看，中国对“一带一路”国家的跨境并购领域排名前三的是能源与电力、信息科技和原材料（见图 6）。截至 2016 年，中国在“一带一路”国家的能源和电力行业的并购金额为 219.38 亿美元，占并购总规模的 49.9%，并购数量共为 34 笔。此外，近三年来，在技术、原材料、工业和金融等领域也有较多投资，尤其是在 IT 与通信业、公共事业与能源等领域的投资有较快增长。以 IT 与通信业为例，2014 年以前中国在该行业的年均投资额仅为 1.3 亿美元，而在 2016

年则达到89.3亿美元。最后，在金融、消费产品、媒体娱乐、不动产、电信服务、医疗保健、食品饮料等行业中国也有所投资。

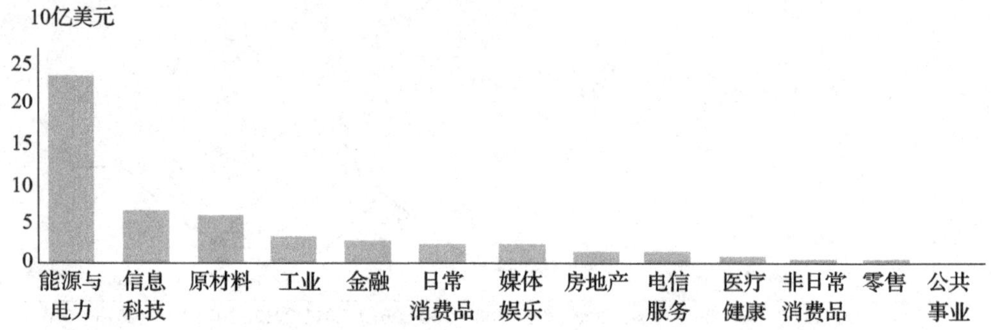

图6 中国对“一带一路”国家跨境不同行业并购的数量排名

数据来源：“一带一路”跨境并购研究报告［R］. 北京：清华大学数据科学研究院，中国社科院世界经济与政治研究所，汤森路透，清数研究，2017.

（五）投资主体

中国对“一带一路”国家的投资主体由国企变成国企和民企共同投资的局面。毫无疑问，国企是“一带一路”投资的骨干力量，截至2016年年底，总共有107家央（国）企在“一带一路”国家进行了投资，主要集中在道路、港口、能源、工程承包、产业园和其他基础设施建设等领域。除此之外，BAT、三一重工、中兴、华为、青建集团等为代表的民营企业，逐渐成为对“一带一路”国家投资的主力军。截至2015年底，民企签约和交割的海外并购交易额占中企交易总额的56.88%，同比增长122%，撑起了新一年度海外投资的“半壁江山”。相比于国企来说，民营企业投资领域更多元，投资战略更明确，投资方向更侧重在价值链的上游，由最初的基建、地产、机械制造，到股权、资本，再到文化、娱乐、旅游、医疗以及农牧资源收购，这与民营企业的多方位发展和国际战略布局不无关系。

四、实证分析

（一）研究假设

在第三部分的并购规模分析中，可以直观地看到自“一带一路”倡议提出以来，我国在"一带一路"国家的跨国并购数量呈现出持续快速增长的趋势。从并购金额的角度来看，我国在"一带一路"国家并购在2013年出现爆发式的增长，接着又在2014年回落后快速上涨。之所以会出现2013年爆发式的增长，主要是由于几笔大规模的并购投资导致的，例如中石油对俄罗斯东西伯利亚气田项目（100亿美元）、哈萨克斯坦卡什干油项目（53亿美元）和里海近海项目（50亿美元）的并购投资。虽然2013年的并购金额出现大幅度增长，但实际上并购数量却继2010年来保持持续下降趋势。总体并购金额变化的不稳定性直接决定本文在后续实证分析当中，以并购数量作为被解释变量。所以本文可以初步得出第一个假设。

假设1："一带一路"倡议能够有效促进我国企业在"一带一路"国家的跨国并购数量。

在本文的第三部分中，我国企业在"一带一路"国家并购行业分布特征显示，自2013年"一带一路"倡议提出之后，我国在"一带一路"国家能源和电力行业的跨国并购大幅上涨。且截至2016年，中国在"一带一路"国家的能源和电力行业的并购金额为219.38亿美元，占并购总规模的49.9%，并购数量共为34笔。这在一定程度上说明我国在"一带一路"国家的跨国并购受到东道国的自然资源因素影响较大。基于该客观情况，本文在此提出第二条假设。

假设2：东道国的自然资源对我国的跨国并购具有显著的正向促进作用。

在"一带一路"倡议提出之前，即使"一带一路"国家具有丰富的自然资源，但迥异的民族宗教和传统风俗、复杂的地缘政治关系、参差不齐的经济发展水平等因素都会抑制我国在"一带一路"国家的跨国并购。传统跨国并购的观点认为东道国的政治风险不仅会增加投资者未来投资收益的不确定性，而且还会产生更多的隐性成本，比如产权被非法侵占或者剥夺的可能等。例如韦军亮、陈漓高（2009）、高建刚（2011）和王海军（2012）等人研究发现我国的跨国直接投资与东道国的政治风险之间存在负相关关系，但同时也有学者通过对不同的样本研究形成不同的观点，例如邓明（2012）研究发现，发展中国家的政治风险与我国跨国直接投资呈正相关，发达国家的政治风险与我国跨国直接投资呈负相关。结合我国在"一带一路"国家的投资特征以及相关研究成果，本文在此提出第三个假设及其具体假设。

假设 3：东道国的政治因素对我国的跨国并购具有显著的正面促进效应。

由于我国资源寻求型跨国并购占据主体地位，且我国的资源寻求型跨国并购又具有一定的特殊性，所以本文认为有必要对东道国政治环境与我国资源寻求型的跨国并购进行研究。Kolstad 及 Wiig（2010）研究认为，中国企业的资源寻求型跨国直接投资倾向于发生在自然资源丰富但是政治环境较差的国家。同样，蒋冠宏和蒋殿春（2012）也通过对发展中国家直接投资的研究证实了这一结论。所以结合以往的研究结果，本文在此提出假设四。

假设 4：东道国的政治环境越稳定，对我国的资源寻求型并购具有显著的负面削弱效应。

由于我国在提出“一带一路”倡议之前就相继与加入“一带一路”的国家签订过双边投资保护协定（BIT），且 2006 年与 2007 年我国在“一带一路”国家的跨国并购也出现了持续上涨。宗芳宇（2012）、李平等（2014）等人研究发现，双边投资保护协定对于跨境并购能够弥补东道国本身的制度缺位，增强对东道国的制度保护。为了确保实证研究的严谨性，充分证明“一带一路”倡议对我国在“一带一路”国家跨国并购的影响，本文在此处提出第五个假设。

假设 5：双边投资协定能够正向促进东道国政治稳定性对我国跨国并购的影响。

（二）模型及变量设定

1. 数据样本

本文主要研究的内容是“一带一路”倡议对我国在沿线国家跨境并购的政策效应，考虑到数据的完整性和可得性，本文先从 BvD 提供的 Zephyr 全球并购交易分析库中筛选原始并购案，再对筛选出的并购案进行进一步处理和汇总。为了保证并购交易的真实性，本文的数据筛选分为以下几个阶段

首先，本文按照如下标准进行初步筛选：交易类型为 Mergers 和 Acquisitions；Acquisor country 为中国；并购发生的时间处于 2000—2016 年；交易状态为 announced 以及 completed，筛选出的原始并购案共计 4782 宗。其中加入了

announced 状态的并购案例，是因为这部分并购案例都是在进行了大量的调研谈判工作之后才会正式宣布，并购案成功的可能性更高。

其次，本文对 4782 宗原始并购案进行进一步筛选：剔除 vendor 或 target 是 CN，HK，TW 和 MO 的并购案；剔除那些注册地在 BO、CY、VG 等避税天堂的并购案。共筛选出 3381 宗并购案例，其中投向“一带一路”沿线国家的并购案共有 444 宗，投向“非一带一路”国家的并购案为 2937 宗。需要注意的是，虽然截至 2017 年年底，我国已经与 86 个国家和国际组织签订合作文件，但是考虑到本文选取的时间跨度为 2008—2016 年，所以本文所提及的“一带一路”国家都属于在 2016 年之前就已经加入“一带一路”的国家。

最后，本文通过观察上一步筛选结果的数据结构发现，该样本数据时间跨度为 19 年，中国一共在 113 个国家进行了跨国并购，从数据结构来看，我国对 113 个国家的跨国并购并不是连续的，如果直接剔除将其剔除会导致估计结果的有偏性和无效性，此外，由于本文采用的是 DID 模型，所以需要保证平衡面板数据。如果对该样本补齐投资次数为 0 的数据，那么总体样本量为 2147 个，实际有投资次数或投资量记录的样本为 566 个，样本将会出现大量的 0 值。在尽可能地保证充足样本量的基础上，为了保证最终估计结果的有效性，本文最终选取 2008—2016 年的数据。由于有些国家数据缺失，最后样本中保留 82 个国家，其中一带一路的国家有 38 个，非一带一路国家有 44 个，总样本量为 738 个，具有实际数值的样本量为 322 个。

2. 变量设定

首先，从图 2 可以看出，跨境并购规模若以并购总金额来表示，会受到单笔并购规模的影响，呈现出不稳定的变化趋势。我国在“一带一路”国家并购在 2013 年出现爆发式的增长，接着又在 2014 年回落后快速上涨。之所以会出现 2013 年爆发式的增长，主要是由于几笔大规模的并购投资导致的，虽然 2013 年的并购金额出现大幅度增长，但实际上并购数量却继 2010 年来保持持续下降趋势。其次，我国在“一带一路”国家跨境并购的规模由于 zephyr 的数据库中所记录的一些并购案例存在部分信息缺失，例如一些并购案例没有明确记录并购的规模，若简单实用并购规模进行加总可能会导致因变量不能如实反映我国在“一带一路”沿线国家的跨国并购情况。所以考虑到数据的可得性以及准确性，本文以中国在“一带一路”沿线国家每年的投资次数来代表中国在“一带一路”沿线国家的跨国并购规模，作为本文的因变量。

由于本文主要研究的是“一带一路”倡议对我国在沿线国家跨国并购的影响，为了让回归模型能够准确反映“一带一路”的政策效应，本文选取了中国经济发展水平、东道国市场规模、东道国政治环境、东道国与中国之间的双边贸易往来、投资协定、文化差异以及地理距离等多个方面选取了控制变量，具体的变量解释和数据来源如表 1 所示。

表 1　变量解释和数据来源

变量	变量含义	数据来源
Y_{it}	中国在第 t 年在第 i 个国家的并购总数量	Zephyr
br	是否是“一带一路”国家	“一带一路”官网
y2014	是否是“一带一路”倡议提出之后	
bry	Br 与 y2014 的交叉项	
gdp1	东道国的市场规模	WDI 数据库
gdp2	中国的经济发展水平	WDI 数据库
tra	东道国与中国之间的贸易规模	UNCTAD
bit	东道国与中国是否签订投资协定	中国商务部官网
ycd	东道国外贸依存度	UNCTAD
res	自然资源禀赋	UNCTAD
wgi	政治环境	WDI 数据库
dis	地理距离	CEPII
cul	文化差异	Hofstede-insights
er	两国货币之间的汇率	WDI 数据库
gci	国家竞争力	《全球竞争力报告》
wbit	BIT 与东道国政治稳定性的交叉项	
wres	东道国政治稳定性与自然资源的交叉项	

Y_{it} 为被解释变量，即我国第 t 年在第 i 个国家的并购总数量。本文之所以采用并购次数代表并购规模来作为被解释变量，而非用并购总金额为被解释变量。主要出于如下两方面的考虑：一是并购金额所受的影响因素更为复杂。单笔并购金额除了要受到东道国的宏观因素的影响外，更多的还要受到企业的规模、资本结构、目标行业等方面的影响。二是从第三部分关于并购规模的定性分析来看，并购金额的整体波动较大，不能够真实的反应并购规模的变化趋势。例如 2013 年

我国在“一带一路”国家跨国并购总额出现爆发式增长，但实际上并购笔数呈现下降趋势，导致这一现象的原因是由于几笔大规模的并购投资导致的，例如中石油对俄罗斯东西伯利亚气田项目（100 亿美元）、哈萨克斯坦卡什干油项目（53 亿美元）和里海近海项目（50 亿美元）的并购投资。为了真实的反应并购规模，本文选用并购次数来作为被解释变量。

br 为解释变量，即是否为“一带一路”国家。

y2014 为解释变量，即是否为 2013 年“一带一路”倡议提出之后。

bry 为解释变量，即 br 与 y2014 两个虚拟变量的交叉项。

tra 为控制变量，即东道国与我国之间的贸易总量，以东道国与我国之间的进出口贸易之和来表示，用来衡量两国之间的经济紧密程度。

bit 为控制变量，即东道国是否与我国签订了双边投资协定（以下简称“BIT”），本文按照双边投资协定生效的起始日期开始计算。如果是生效后，则该变量为 1，若为生效前或者是还未签订双边投资协定，则该变量为 0。

ycd 为控制变量，即东道国的外贸依存度，以一国的进出口总量与该国当年 GDP 的比值来表示，用来代表东道国的经济开放程度。

res 为控制变量，即东道国的自然资源租金，以一国的自然资源出口量占到总 GDP 的规模来表示，用来代表东道国的自然资源丰富度。

wgi 为控制变量，表示东道国的政治环境。世界银行公布的全球治理指数从话语权和问责（Voice and Accountability）、政治稳定性与非暴乱（Political Stability and Absence of Violence/ Terrorism）、政府有效性（Government Effectiveness）、管制质量（Regulatory Quality）、法治程度（Rule of Law）以及腐败控制（Control of Corruption）六个方面对一国的政治环境进行评估，本文选用六个指标的平均数来代表一个的政治环境，评分越高，就说明一国的政治制度越完善、对市场的非正常干预更少、对经济主体权益的保护程度也更高。

dis 为控制变量，表示东道国与中国之间的地理距离。本文采用的是按照人口加权计算的绝对距离，并未考虑经济因素的加权。

cul 为控制变量，表示东道国与我国之间的文化差异。本文根据霍夫斯泰德（1980）提出的六个维度基础上，采用 Kought 和 Singh（1988）提出的文化距离测量公式〖CD〗_j=∑〖[〖(I_ij-I_ic)〗^(^2)/V_i]〗/6，对东道国与我国之间的文化距离进行测算。其中，〖CD〗_j 表示第 j 个东道国与我国之间的文化距离，I_ij 表示第 j 个东道国在第 i 维度上的评分，I_ic 表示中国在第 i 个文化维度上的评分，V_i 表示所有国家第 i 个文化维度上的方差。

er 为控制变量，是我国与东道国之间的汇率，一单位人民币等多若干单位的外国货币，汇率的大小往往会直接影响跨国并购的成本，是一个很重要的影响因素。

gci 为控制变量，衡量的一国发展水平，世界经济论坛在《全球竞争力报告》中从 12 个维度综合评估了每个国家的发展水平，其中涉及基础设施、政府制度、市场环境、教育水平、科技发展等方面，本文采用报告中的综合评分来代表该国的发展水平，评分越高，则代表发展水平更高。

wbit 是复合变量，即 BIT 与东道国政治稳定性的交叉项。用以研究我国与东道国签订投资贸易协定是否会改变东道国政府稳定性对我国在“一带一路”国家跨国并购的影响方式和程度。

wres 是复合变量，即东道国政治稳定性与自然资源的交叉项。用以研究东道国政治环境是否会改变自然资源对我国在“一带一路”国家跨国并购的影响方式和程度。

3. 模型设定

本文的主要研究目标是考察“一带一路”倡议对我国在沿线国家的跨国并购是否会产生影响，即分析“一带一路”倡议的政策效应，因此本文采用双重差分法（DID）来进行研究。双重差分法作为一种被广泛使用的计量方法，通常被用来研究政策或者其他外部因素的改变对研究对象的影响。“一带一路”倡议对我国在沿线国家跨国并购的影响可以用如下公式来表示：

$$\gamma = E(\gamma_i \mid d_j = 1) = E(Y_i^1 \mid d_j = 1) - E(Y_i^0 \mid d_j = 1) \qquad (1)$$

该公式表示：我国提出的“一带一路”倡议对我国在“一带一路”国家跨国并购所产生的影响$E(\gamma_i \mid d_j = 1)$，等于在“一带一路”倡议提出之后，“一带一路”国家的并购数量减去这些国家如果没有加入“一带一路”的并购数量。其中 γ 表示政策的影响；d_j 表示是否是“一带一路”国家，若 $d_j = 1$，则表示 i 国家是

“一带一路”的国家，Y_i表示中国对该i国家的跨国并购量，若为Y_i^1，则表示为“一带一路”倡议提出之后，若i国为“一带一路”国家，我国对其的跨国并购量，若为Y_i^0，则表示“一带一路”倡议提出之后，若i国为“非一带一路”国家，我国对i国家的跨国并购量。但由于现实中很难对$E(Y_i^0 \mid d_j = 1)$进行估计，所以我们假定其为“一带一路”倡议提出以后，我国对非一带一路国家的跨国并购量。但因此也会导致一个问题，“一带一路”国家和非“一带一路”国家之间本身的差异会影响最后的估计结果。

为了考察“一带一路”倡议是否会促进我国在沿线国家跨国并购的增长，本文设计如下计量模型：

$$Y_{it} = \vartheta br + \mu y2014 + \beta bry + \gamma Z_{it} + \delta_i + \theta_t + \varepsilon_{it} \quad (2)$$

其中，被解释变量为Y_{it}，表示中国在第t年对i国家的跨国并购次数，br表示是否是“一带一路”沿线国家，当br = 1时，则表示为“一带一路”国家，即实验组，当br = 0时，则表示为非“一带一路”国家，即控制组。y2014表示是否是“一带一路”倡议提出之后，当y2014 = 1时，表示“一带一路”倡议提出之后，当y2014 = 0时，表示“一带一路”倡议提出之前。bry为“是否是一带一路国家虚拟变量”以及“是否是一带一路政策宣布之后的虚拟变量”的交叉变量，该项的系数反应“一带一路”政策效应。Z_{it}表示可能影响我国对“一带一路”沿线国家跨国并购量的因素，即变量设定当中的控制变量，即上文提到的tra、bit、ycd、res、wgi、dis、cul、er以及gci。δ_i，θ_t分别表示国家固定效应和时间固定效应，若采用固定效应模型，则默认为国家固定效应。此外，ε_{it}表示随机误差项。

（三）回归分析

1. 变量描述及相关性分析

表2为本文因变量、解释变量以及控制变量的统计数据，其中需要说明的er中出现了异常值，原因是因为2008年经济危机时，津巴布韦通货膨胀极其严重，导致相对于美元的汇率非常高，在2008年之后津巴布韦允许美元、人民币等多国货币流通，所以2009—2016年津巴布韦的货币在本文中按照美元计算。

表 2　变量描述性统计

Variable	Obs	Mean	Std.Dev.	Min	Max
Y_{it}	738	1.668022	3.979879	0	37
br	738	0.4634146	0.4989979	0	1
y2013	738	0.3333333	0.4717242	0	1
bry	738	0.1544715	0.3616453	0	1
gdp1	738	0.505306	0.9173899	0.00064	6.047894
gdp2	738	7.228577	1.446604	5.040347	9.504208
tra	738	0.2414437	0.4290342	0.0002388	3.459176
bit	738	0.798103	0.401688	0	1
ycd	738	0.9282114	0.6085372	0.21	4.42
res	738	6.591074	9.985478	0.000362	57.61
wgi	738	0.2985366	0.9243169	−1.75	1.87
er	738	137.6612	551.9764	0.03	5000
cul	738	2.463781	0.9670526	0.5	4.85
dis	738	0.8054307	0.3897765	0.117205	1.929747
gci	738	4.19771	0.760941	0	5.81
wbit	738	0.3091328	0.8704205	−1.75	1.87
wres	738	−1.583008	7.828951	−45.6	22.28

本文在正式构建模型之前，对解释变量以及控制变量进行了相关性分析，由于本文的解释变量以及控制变量较多，最终得到的相关系数矩阵较大，因此在这里就不全部展示，仅对相关性分析结果进行说明。最终相关性分析结果显示，基本上所有的变量之前的相关系数都小于 0.7，只有 gdp1 与 tra、wgi 与 wbit 之间的相关系数较高。根据 Hossain 等人的研究，如果解释变量之间的相关系数不超过 0.8 或 0.9，那么解释变量之间就不存在多重共线性，进而也就不会对多元线性回归产生影响。本文只有 wgi 与 wbit 之间的相关系数高于 0.9，因此，本文将在之后实证分析过程中根据研究目的对控制变量进行相应的调整。

2. 双重差分模型假设检验及倾向得分匹配

本文首先对使用双重差分模型所需要满足三个前提条件进行检验说明。第一，政策发生的时间具有随机性。由于“一带一路”倡议是一个涉及多方协商的动态过程，对于“一带一路”国家而言，中国是否会提出“一带一路”倡议，在哪个时间节点提出都是无法预测并控制的，所以本文认为“一带一路”倡议的提出符合第一条假设。第二，处理组和控制组的选择要具有随机性。一般情况下，这一假设条件很难满足。“一带一路”政策的设定以及“一带一路”国家的选择并不是随机的，而是满足我国发展规划，具有一定的政治、经济意义的，所以本文通过国家固定效应来控制对照组和处理组不随时间变化的差异。第三，平行趋势假定，即对照组和处理组之间不存在随时间变化的差异。该假定是使用 DID 最重要的条件，会直接影响估计结果。为此本文在建立模型之前首先进行平行趋势检验。

为了确定平行趋势检验的必要性，本文先用普通 DID 模型对全样本进行回归，结果如模型 1 所示。回归结果显示，bry 核心变量不显著。同样，在加入控制变量的模型 2 中，bry 核心变量依然不显著。所以为了检验模型 1 是否准确反映出“一带一路”的政策效应，即一带一路政策效应是否确实是没有显著影响我国在沿线国家的跨国并购，本文继续使用 Stata 中的 PSM-DID 模型对其进行估计。PSM-DID 模型估计结果显示，通过倾向得分匹配消除样本之间随时间变化而变化的差异后，构建的最佳 DID 模型中交叉变量是显著为正的。这说明本文所选取的样本不能反映“一带一路”倡议的真实效应，需要进行进一步分析。

结合上述关于满足 DID 模型的三个假定条件的分析，本文认为有必要对控制组和对照组进行平行趋势检验。一般对模型的控制组和对照组进行平行趋势检验时，如果样本数据的时间跨度较长，一般会对政策冲击发生之前的三年进行检验，$before_i$ 表示的是“一带一路”倡议提出之前第 i 年的虚拟变量和 Treat 的交互项，$after_i$ 表示的是“一带一路”倡议提出之后的第 i 年的虚拟变量和 Treat 的交互项，回归结果如表 3 中的模型 3 所示，模型 3 中 $before_1$ 明显，说明在实验组对中国的跨国并购的影响是显著的，实验组和对照组之间存在的差异随时间变化的趋势是不同的，进一步说明样本不满足平行趋势假定。

表 3　平行趋势检验

VARIABLES	模型 1	模型 2	模型 3	模型 4
br	−0.3	−1.036***	0.111	0.126
	(−0.386)	(−0.35)	(−0.812)	(−0.213)
y2013	1.099**	1.754***	0.890**	0.471**
	(−0.5)	(−0.413)	(−0.364)	(−0.235)
bry	−0.611	−0.644		
	(−0.502)	(−0.607)		
$before_1$			−0.768*	−0.391
			(−0.442)	(−0.245)

续表

VARIABLES	模型 1	模型 2	模型 3	模型 4
$before_2$			(−0.347)	(−0.358)
			−0.427	−0.23
$before_3$			−0.0971	−0.189
			(−0.43)	(−0.228)
$after_1$			−1.360***	−0.671***
			(−0.436)	(−0.239)
gdp_1		−0.233	1.112**	2.163***
		(−0.342)	(−0.565)	(−0.41)
gdp_2		0.224	0.281**	0.0914
		(−0.148)	(−0.118)	(−0.0743)
tra		5.046***	2.810***	−1.288
		(−0.695)	(−1.032)	(−0.975)
bit		1.069***	0.737	−0.0887
		(−0.324)	(−0.604)	(−0.204)
ycd		−0.0752	0.177	−0.0614
		(−0.247)	(−0.442)	(−0.18)
res		0.000942	0.0257	0.00938
		(−0.0134)	(−0.0223)	(−0.00807)
wgi		1.075***	1.045**	0.367**
		(−0.243)	(−0.42)	(−0.158)
dis		0.2	0.196	0.0534
		(−0.419)	(−0.965)	(−0.306)
cul		−0.141	−0.0684	0.0946
		(−0.17)	(−0.385)	(−0.138)
er		−0.000153	−0.00013	−0.000171
		(−0.000229)	(−0.000311)	(−0.000154)
gci		−0.517*	−0.580**	0.0363
		(−0.267)	(−0.276)	(−0.16)
Constant	0.0818	1.663***	−0.591	−0.887
	(−1.442)	(−0.239)	(−1.932)	(−0.783)
Observations	738	738	405	405
R-squared	0.369	0.056		
Number of ID	82	82	45	45

由于 Stata 中的 PSM-DID 程序包其实是一个弱化的功能，模型结果只能显示出通过倾向得分匹配后得到的 bry 最佳回归结果，但并不会显示回归模型当中的其他变量信息，也不会显示匹配结果。所以本文需要在 Stata 中使用 logit 模型

进行有放回的一对一匹配，匹配所采用的变量即为本文中的控制变量。本文使用Stata模型中的Psmatch2命令，并通过对匹配前和匹配后的变量进行均值检验，可以看到除了 gdp_1 与tra之外，其他所有变量均没有显著差异（见表4）。

表4 均值检验

变量	匹配前后	Treated 均值	Control 均值	T 统计量	P 值
gdp_1	U	0.27213	0.67821	−2.07	0.041
	M	0.2907	0.10506	2.1	0.041
gdp_2	U	6.3852	6.3852		
	M	6.3852	6.3852		
bit	U	0.89035	0.70076	2.15	0.034
	M	0.85119	0.88095	−0.33	0.741
tra	U	0.17992	0.27125	−0.99	0.328
	M	0.14707	0.04063	2.84	0.006
ycd	U	0.97934	0.89182	0.65	0.519
	M	0.92488	1.1248	−1.18	0.242
res	U	9.2051	5.5011	1.63	0.108
	M	10.448	6.588	1.27	0.208
wgi	U	−0.08934	0.61311	−3.61	0.001
	M	0.04893	0.13048	−0.36	0.717
cul	U	1.9392	2.9168	−5.23	0
	M	2.2361	2.1421	0.5	0.619
er	U	222.95	3700000	−0.93	0.356
	M	99.266	8.267	1.36	0.181
gci	U	3.9146	4.2444	−2.2	0.031
	M	3.9157	3.8565	0.33	0.741

此外，本文对匹配后的样本进行与表3中模型3相同的回归，回归结果如表3模型4所示。其中 $before_1$ 不明显，说明“一带一路”倡议提出之前，实验组对中国跨境并购的影响并不显著，进而说明实验组和对照组两者分别对中国跨境并购的影响不具有差异性，此外，本文对PSM匹配后的样本进行均值检验，从均值检验的p值来判断试验组和对照组的样本之间是否存在差异显著差异。检验结果显示，除了 gdp_1、tra以外，所有变量在匹配以后都没有显著差异。所以本文认为倾向得分匹配后的结果符合平行趋势假定。最终符合匹配条件的国家共有45个，样本数量共为405个。PSM匹配结果如表5所示。

表 5　PSM 匹配结果

	off support	on support	Total
Untreated	27	17	44
Treated	10	28	38
Total	37	45	82

3. 双重差分模型回归结果

在对模型回归之前，本文经过 Hausman 检验发现固定效应模型优于随机效应模型。所以表 6 中的模型都属于固定效应模型，由于固定效应模型会自动剔除不随时间变化的变量，所以在如下模型当中，并没有反映出地理位置、文化差异对我国在“一带一路”沿线跨国并购的影响。表 6 中的模型 5 是不包括控制变量的回归，模型 6 是包括控制变量的回归模型，模型 7 和模型 8 是包括控制变量以及相关虚拟变量的回归模型。通过加入控制变量可以看出，bry 的显著性没有发生改变，并且系数大小也相对稳定，说明该模型比较稳健。

表 6　全样本检验①

VARIABLES	模型 5	模型 6	模型 7	模型 8
y2013	0.353*	–0.721	–0.707	–0.701
	(0.187)	(–1.594)	(–1.594)	(–1.597)
bry	0.546**	0.632***	0.592**	0.638***
	(0.237)	(–0.241)	(–0.239)	(–0.242)
gdp2		0.32	0.323	–0.319
		(–0.378)	(–0.377)	(–0.378)
tra		1.695	1.869	1.713
		(–1.256)	(–1.256)	(–1.258)
bit		–0.446	–0.403	–0.458
		(–0.572)	(–0.574)	(–0.573)
ycd		–0.0798	–0.0218	–0.07
		(–0.566)	(–0.565)	(–0.568)
res		0.0332*	0.0314*	0.0370*
		(–0.017)	(–0.017)	(–0.019)
wgi		1.522**		1.429*
		(–0.696)		(–0.728)
er		–0.00043	–0.000397	–0.000447
		(–0.00028)	(–0.00028)	(–0.00028)

① 注：括号内表示估计系数对应的标准误；*、** 和 *** 分别表示在 10%、5% 和 1% 的统计水平上明显。

续表

VARIABLES	模型 5	模型 6	模型 7	模型 8
gci		−0.0445	−0.0407	−0.0595
		(−0.227)	(−0.227)	(−0.23)
wbit			1.183**	
			(−0.529)	
wres				0.0128
				(−0.0285)
Constant	0.489***	−1.154	−1.308	−1.091
	(−0.16)	(−2.222)	(−2.221)	(−2.229)
时间固定效应	否	是	是	是
国家固定效应	是	是	是	是
Observations	405	405	405	405
R-squared	0.147	0.177	0.178	0.178
Number of ID	45	45	45	45

五、研究结论及启示

（一）研究结论

根据第四部分的回归结果，本文得出如下结论：

首先，本文表 6 中的模型 5 和模型 6 验证了本文的假设 1。“一带一路”对我国在沿线国家的跨国并购具有显著促进作用，但是 bry 的系数只有 0.6 左右，促进作用较小。主要原因可能有以下几个方面：其一，自“一带一路”倡议提出至今只有四年的时间，且相应的配套的政策举措也是在 2013 年之后逐步被落实推进，虽然目前政策效果已经初步显现，但是还没有被充分发挥。其二，跨国并购是一项复杂的经济活动，自“一带一路”倡议提出之后，虽然国企和民企在“一带一路”沿线的跨国并购热情高涨，但对企业而言发现并确定并购需求、通过管理层决议确定并购目标、期间大量的调研和谈判工作都需要耗费大量的时间。再加上跨国并购涉及多方主体，尤其是对“一带一路”跨国并购的先锋队——国有企业而言，不仅要考虑经济因素，还肩负推动我国产业政策、战略目标实现的重要任务。所以一般而言，跨国并购活动的时间周期都比较长，根据 zephyr 数据库里统计的我国跨国并购的时间跨度来看，大部分并购周期都为一到两年，跨国并购这一特征无疑延缓了“一带一路”政策效应的显现。其三，“一带一路”沿线地区政治环境不稳定、文化风俗差异较大、投资环境较为复杂。在政策实施的初期阶段，我国国有企业在“一带一路”国家的跨国并购案例较多，而民营企业则更多的是持观望态度，2015年民营企业在“一带一路”的并购案例才开始出现爆发性增长，首次超过了国有企业。其四，这很可能与本文的样本选择有一定的关系。根据变量数据的可能性，本文选取的样本时间跨度为2008—2016年，并未对2017年的并购案进行研究，而且官方统计公告也同样还没有对2017年数据进行公布，但根据zephyr对我国2017年至今在“一带一路”国家跨国并购的追踪记录显示，我国2017年全年在“一带一路”国家已经完成或者已经宣告的跨国并购案件已达98例。这一爆发性增长并没有被反映在模型当中。

其次，模型6验证了本文的假设2和假设3，即东道国的自然资源优势以及东道国的政治稳定性对我国跨国并购的具有正向促进作用。但是模型8却违背了原假设4，即东道国的政治制度与自然资源的交叉项不显著。该实验结论并不完全违背关于我国资源寻求型跨国并购的一般研究理论。由于模型8是对PSM匹配之后的样本进行回归。实验组和对照组的均值检验说明，匹配后的样本政治稳定水平远小于全样本的政治稳定性水平。因此本文得出的改结论具有一定的前提，即在政治稳定性较差的国家内，东道国的政治稳定性没有显著影响我国资源寻求型跨国并购。该结论很可能与我国跨国并购的投资主体特征有关，我国资源寻求型跨国并购的投资主体以国有企业为主，国有企业抗风险能力较强。这导致国有企业在自然资源丰富但是政治稳定性存在差异的国家中，可能更倾向于选择政治稳定性不高的国家。但是在自然资源丰富，政治稳定性普遍不高的国家中进行决策时，东道国的政治制度对我国跨国并购的影响会明显减弱，相反我国的产业政策以及外交政策等政治因素会对并购的区位选择产生较大的指导和制约作用，因此在东道国政治制度不稳定的情况下，东道国政治环境对我国的资源寻求型跨境并购并没有显著的促进或者削弱作用。

再次，模型7验证了本文提出的假设5。在模型7当中控制变量bit的系数不显著，然而模型7中的BIT与政治环境之间的交互项显著为正。这很可能是由于样本中的东道国的投资环境过于复杂，我国通过与东道国签订BIT并不能够明显改善投资环境，过高的投资风险让很多国家敬而远之。通过观察匹配后的样本数据发现，我国虽然与其中大部分国家都签订了双边投资协定，但是并不能有效促进我国在这些国家跨国并购的发生。但交叉变量的显著性说明即使BIT对我国跨国并购的影响并不显著，但双边投资保护协定是能够有效弥补东道国的制度不足，与东道国的政治稳定性具有伴随关系，进而起到一定的促进作用。这其实也在一定程度上解释了我国积极推进“一带一路”相关政策落地的原因，单单依靠双边投资协定，很难推动我国企业在这些国家地区的跨国并购，需要更强效的政策支持、资金支持以及风险指导。

最后，大部分控制变量对我国跨国并购的影响并不显著很可能是由两方面的原因导致的。其一，从中国对样本国家的并购具体案样本来看，在2008—2015年中国国有企业是跨国并购的主体，我国国有企业在经济发展水平不高，双边贸易规模较小、对外开放程度较低、政治环境不稳定、文化差异大的国家进行跨国并购时，可能更多是出于综合考量，正如Child Rodrigues的研究结果显示，中国企业跨国并购具有一定的特殊性。其二，这很可能与本文的研究方法重点和研究方法有一定的关系，并不意味着我国在跨境并购与一般的国际资本流动理论相悖。由于本文在建立模型之前对样本进行了平行趋势检验，发现控制组和实验组之间的差异随时间变化的趋势不同，所以采用倾向得分匹配的方法对样本进行筛选。由于筛选的原理是根据“一带一路”国家的全部数据指标，有放回的在样本中匹配非“一带一路”国家样本，根据均值检验可以看出，匹配之后的样本更倾向于经济发展不高，双边贸易规模较小、对外开放程度较低、自然资源丰富、政治环境不稳定、文化差异大的国家。匹配结果具有倾向性，整体特征明显。虽然本文通过匹配消除了实验组和对照组之间的不平行趋势，但也因此导致样本特征发生变化。

（二）启示及建议

本文基于2008—2016年我国在“一带一路”国家和非“一带一路”国家跨境并购数据，通过双重差分模型的回归分析证明了“一带一路”倡议对我国在“一带一路”国家的跨国并购存在促进效应，并且东道国的自然资源禀赋以及政治环境的稳定性对我国跨国并购具有显著正向影响。此外，本文也通过对BIT的研究发现，BIT 在本文的研究范围内，即政治稳定性较差及经济水平普遍不高的国家，并没有显著影响我国的跨国并购。

随着“一带一路”倡议的不断推进，相关的政策措施也逐步落地，虽然本文的研究数据截止到 2016 年，但根据 Zephyr 数据库统计，2017 年我国在“一带一路”沿线跨境并购的案例出现了井喷式的增长，“一带一路”的政策效应正在逐步显现，越来越多的国有资本和民间资本都参与到了“一带一路”的跨境并购中来，本文结合上述的研究结果，在国家层面和企业层面提出以下几个方面的建议。

首先，要建立完善的沟通协调机制，对“一带一路”跨境并购进行科学统筹规划。在国内层面，各级推动“一带一路”政策实施的部门之间应当建立协调机制，健全跨境并购相关的法律法规。相关部门还需要在现有官方“一带一路”信息平台基础上，应详细发布并更新沿线国家政治、法律、经济、社会、产业、投资等情况，并定期发布国别研究报告。最终形成统一有效的综合信息平台及法律保障体系，为企业在“一带一路”的跨境并购提供便利。在国外层面，我国政府要加快与沿线国家建立政府间高层级、常态化的沟通协调机制和工作机制，积极推进与“一带一路”沿线国家双边投资保护协定以及避免双重征税协定的签订，并且不断完善现有的投资保护协定，从投资形式、投资保护、税收、资本回流、通关等方面增强对我国企业在东道国投资权益的保护力度。

其次，要加大财政支持力度，完善税收激励政策。在财政支持方面，要对于我国企业在“一带一路”沿线国家并购中，符合国家战略发展方面的重点项目以及研发投入，都给予必要的支持。另外在税收方面，应当加快双边避税协定在“一带一路”国家的全覆盖，健全出口退税制度，明确享受税收减免或优惠政策的领域。

再次，健全金融支持体系，创新金融服务模式。这要求相关部门加大亚投行、金砖国家开发银行、丝路基金、中国－东盟基金等多边金融机构、政府性基金对我国企业在“一带一路”沿线跨境并购的支持；促进政策性银行与商业银行合作，支持金融机构拓展服务范围，在“一带一路”沿线地区设立网点；建立若干产业基金、股权投资基金、风险投资基金等，吸引国内外金融机构和民间资本参与；

完善海外投资商业保险机制以及海外投资担保体系。最重要的一点是降低我国企业，尤其是民营企业在资本市场融资的门槛，鼓励商业银行与国内、国际开发性金融机构合作，采用银团贷款、委托贷款等方式支持"一带一路"基础设施项目投资，为"一带一路"重大项目建设提供大额、长期融资支持，把融资业务与多元化金融服务结合，为企业融资提供多样化选择。

最后，是企业层面。我国企业对"一带一路"国家进行投资时，需要充分考虑东道国的政治制度等因素。目前来看，参与这些项目、行业当中的大部分是抗风险能力较强的国有企业。但近年来，国有企业跨国并购失败的案例屡见不鲜，尤其是在资源寻求型的并购案例。所以即使是国有企业，也不能只关注是否具有与企业自身需求相匹配资源的丰裕度，更应该注意风险防范，对东道国的政治、文化、法律等进行深入调查，避免投资的盲目性。相比于国有企业，民营企业的抗风险能力较差，自身短板仍较为突出，且国内相关配套尚不足，这对民企"一带一路"跨境并购形成内部及外部制约。所以，民营企业参与"一带一路"跨境并购时，首先要从自身着手，建立现代企业制度，完善公司治理结构，提高投资决策的科学性；加大创新力度和研发投入，以提高市场竞争力；规范在东道国的经济行为，提高法治和社会责任意识；进行适度本土化经营，充分尊重当地的文化宗教以及民族观念；适应国际市场规则，注重国际化的人才培养。另外，民营企业在"一带一路"国家跨国并购时要对东道国的政治环境等方面进行充分的调研，在现阶段优先选择制度环境较好的国家进行投资，尽可能地规避东道国的制度风险带来的损失。由于国有企业率先在"一带一路"国家进行了大规模的跨境并购，所以民营企业可以在决策时考虑利用国有企业在这些国家的投资以获得关联的产品或服务，以达到降低风险及成本的目的。"一带一路"倡议能够显著促进我国企业在"一带一路"国家的跨境并购，但本文并没有对跨境并购的成功率进行深入研究，因此，我国民营企业在"一带一路"跨境并购还是要保持谨慎，避免盲目投资造成重大损失。

与东盟、欧盟等在区域一体化方面已经取得了较多实质性进展的地区相比，"一带一路"的发展还处于初步阶段，但是各项政策正在被逐步推进。本文通过实证分析，证明了"一带一路"倡议对我国跨境并购具有显著的促进作用，但可能由于目前处于政策实施的初步阶段，政策效果不是特别明显。随着我国要素成本以及比较优势结构的不断演变，我国除了注重在能源、电力等传统跨境并购的行业的扩张，还需要抓住在金融、科技等行业的发展机会，在“一带一路”建设路程中承担大国责任，顺应我国的发展需求以及“一带一路”国家的产业结构转型升级趋势，进一步把握“一带一路”的各项活动，培养长期持续的增长潜力。

六、局限性及展望

（一）局限性

本文通过 PSM-DID 模型论证了“一带一路”政策对我国在沿线国家跨国并购具有显著促进作用，并且“一带一路”政策能够更有效地促进资源寻求型的跨国并购。但是本文依然存在一定的局限性。

首先，样本数量有限。虽然本文在选择样本的时候，在保证数据可得性和面板数据平衡性的前提下，尽可能地扩大时间跨度和国家范围。但由于中国在“一带一路”沿线国家的跨国并购案例有限，根据普华永道公布的报告显示，截至 2016 年，我国对“一带一路”地区的跨国并购案例只有 209 起，且我国在各国的跨国并购并不连续，所以本文力求在有限的样本当中，尽量对样本数据进行合理处理和分析。

其次，本文主要选取了东道国的宏观变量以及个别中国的宏观变量作为控制变量加入模型当中。之所以没有加入更多的控制变量，首先是因为样本数量有限，如果加入更多的控制变量可能会由于部分数据不可得而减少样本总量。其次是因为本文研究的主要内容是“一带一路”政策对我国跨国并购的影响，并没有对影响我国跨国并购的其他因素进行深入分析，考虑更多的变量容易导致共线性，所以本文参照关于跨国并购的研究成果，选取了核心影响因素作为控制变量。

最后，本文并未对其他影响因素进行更深入分析。正如本文在结论中提到的，为了研究“一带一路”的政策效应，本文对样本进行了匹配，匹配结果可以会改变样本的结构特征，考虑到该样本特征不适用于检验一般的影响因素，所以本文仅对其中的一些核心变量进行解释分析。

（二）展望

由于本文存在一定的局限性，所以在接下来的研究中，可以从以下几个方面加以完善和深入。

首先，在将来的研究当中，可以加入2017甚至是2018年我国的跨国并购数据，扩展样本规模。进而与当前的实证结果进行对比，来分析“一带一路”政策效果是否在将来继续增强。

其次，本文是从国家层面进行的研究，虽然本文也尝试从企业微观层面进行研究，但是DID模型应用到logit非线性回归当中的计量经济理论还不是特别全面，目前尚存在较大争议，并且在Stata中构建的模型，只能够反映核心交叉项是否是显著的，其数值大小并不能说明任何问题，所以本文最终决定在宏观层面进行研究。在之后的研究中可以找到合理的连续型因变量，对跨国并购的微观层面进行更深入的研究。

最后，在后续的研究当中，可以在此研究的基础上，对政策效应背后的原因进行更深入的挖掘，提供更具有实践意义的研究结论。

第三部分

“文化”“创新”对人类经济活动的影响走向显性

国家文化距离对文化产品出口影响[①]

一、绪论

（一）研究背景及意义

1. 选题背景

国际上对于文化对商业、经济上各种指标的影响的研究自 20 世纪末就已经开始。在全球化背景下，国际贸易的交通运输成本不断降低，地理距离对于贸易的影响也在不断减弱，学者们开始寻找关于国际贸易的其他的解释变量。James E. Rauch 和 Vitor Trindad（2002）通过研究发现，以华裔比例为代表的华人网络对双边贸易有正向影响；为了研究文化对于国际贸易的影响，Bedassa Tadesse 和 Roger White（2010）将文化距离的变量引入了 Tinbergen（1962）最早开始在国际贸易领域应用的贸易引力模型，验证了美国对其 75 个贸易伙伴的出口数据，发现文化距离对于国际贸易具有抑制的效应，出口会随着文化距离的增大而降低，并且对于不同种类的商品影响幅度不同。Donald Lien，Chang Hoon Oh 和 W. Travis Selmier（2011）发现，孔子学院对于中国对外直接投资和对外贸易都有正向的影响，也在一定程度上说明了语言及文化对于贸易的影响。

2009 年，中国成为世界第一大贸易出口国，有“世界工厂”的称号。随着改革开放的不断深入，中国国家经济、军事、科技等硬实力不断发展，国际地位也

① 其他合作者：张文宇，男，学士，就读于北京外国语大学国际商学院。

有明显提升。但随着全球化浪潮的不断深入，国家意识到想要继续提高中国的国家影响力，文化等软实力因素日渐重要。田晖和蒋辰春（2010）以1995—2009年中国31个贸易伙伴为样本，发现文化距离对于中国贸易出口具有负面效应，而从不同的文化维度的角度上，影响的方向又不尽相同。曲如晓和韩丽丽（2010）通过研究1992—2008年中国与其9个贸易伙伴间的文化商品出口，得出文化距离对于中国文化商品出口具有正向影响。但许和连和郑川（2014）在利用2002—2012年间中国与其54个主要文化商品贸易国的贸易数据，针对我国核心文化商品（工艺品、出版物和声像制品）分别进行实证研究后得出在三项核心文化商品上，文化距离作为总体指标对于出口均有负面影响，而从不同的文化维度上看，影响方向又不尽相同。为此，作者决定继续验证文化距离对中国创意商品出口的影响。

2. 研究意义

国外学者在研究文化距离对于国际贸易的影响时，选取的样本数据多为国外数据，而国内学者对于此话题的研究尽管采用了中国与其贸易伙伴的贸易数据，且对研究对象的分类更为精细，但对于文化距离的衡量多采用的是荷兰学者Hofstede（1980）的四项或者五项文化维度数据，而近年Hofstede对于文化维度方面的数据已经更新到六个维度，且Robert House（2004）在Hofstede基础上的GLOBE研究项目将文化分成了9个维度，并且又分别从社会行为和社会价值观对文化进行衡量，如今对于文化距离的衡量数据更加丰富和全面，本文将采用更加全面的文化维度数据对此话题进行讨论，并且讨论GLOBE社会行为和社会价值观在研究国家文化距离对中国创意商品出口的影响时的适用性，同时对比Hofstede文化维度和GLOBE文化维度在研究国家文化距离对中国创意商品出口的影响时的解释力。

并且，由于此前的学者研究得出的关于文化距离对于出口贸易的影响方向有所不同，也是本文继续研究文化距离对于中国创意商品出口的重要原因。在此前的研究中，虽然许和连和郑川（2014）针对我国核心文化商品（工艺品、出版物和声像制品）分别进行实证研究，以更细致的分类探索文化距离对创意商品出口的影响，但讨论的分类并不完整。根据联合国贸易与发展会议（UNCTAD）数据库，2015年，中国在工艺品、声像制品、设计、新媒体、表演艺术、出版物和视觉艺术品七个创意商品分类的出口额占到创意商品整体出口额的比例分别为10.32%、0.65%、72.61%、8.37%、0.89%、1.89%和5.28%。本文中将会利用2006—2015年中国对其34个贸易伙伴的创意商品出口数据更加细致地讨论文化距离对不同种类创意商品出口的影响。

2011年，党的十七届六中全会提出建设"文化强国"的战略。为实现中华民族的伟大复兴，使中华文化走向世界，将中华文化发扬光大是重要举措之一。创意商品作为中华文化的载体，承载着中华文化的结晶，并承担着传播中华文化任务。研究中国创意商品出口的影响因素，有利于创意商品出口主体及政策制定者针对不同的影响因素对症下药，因地制宜地选取不同的出口策略，最终帮助中华文化走向世界。

（二）相关概念的定义

1. 文化产业、创意产业和文化创意产业

由于文化产业、创意产业和文化创意产业都与文化相关，且三者在国际上均没有精确的定义，因此这三者的概念常常会引起一定的困惑。但总体而言，三者的内涵具有很大的一致性。如薛永武（2008）指出："创意产业无论是什么内容，都属于观念形态的文化，……文化产业中的'文化'本身又是一种观念形态，是文化创造者创意的感性显现，因而文化产业又可以称之为创意产业。"于嘉（2009）认为："'文化创意产业'是指依靠创意人的智慧、技能和天赋，借助于高科技对文化资源进行创造与提升，通过知识产权的开发和运用，产生出高附加值产品，具有创造财富和就业潜力的产业。仅从这个定义我们就能清晰地感觉到'文化创意产业'与'创意产业'的相似程度。"因此，笔者认为严格区分其三者的定义意义不大，因此在本文不对这三个概念进行区分。

2. 创意产业和创意经济

根据联合国贸易和发展会议（UNCTAD）网站上的解释，创意产业包括广告、建筑、艺术、工艺品、设计、时尚、电影、视频、摄影、音乐、表演艺术、出版物、研发、软件、电脑游戏、电子出版物、电视和广播。这些产业也被认为是商业和文化价值的重要来源。创意产业作为如今世界经济中最有活力的几个行业之

一，正在为发展中国家进入新兴高增长经济领域不断创造机会。

创意经济不止有一个定义，而是一个不断发展的概念。创意经济是建立在人类的创造力、思维想法、知识产权、知识和科技上的，本质上讲它是以知识为基础的经济活动，创意产业也是建立在这种经济活动的基础之上。创意经济是创意产业各个部分的集合，包括贸易、劳动力和生产。

3. 创意商品

联合国贸易和发展会议数据库在进行数据统计时，按照 HS2012 的分类，将创意商品定义为工艺品、声像制品、设计、新媒体、表演艺术、出版物和视觉艺术品七大类，其中工艺品包括地毯、庆典用品、其他工艺品、纸制品、藤条柳条编织品和纱线；声像制品包括胶卷、CD、DVD 和录像带；建筑设计、流行服饰设计、玻璃器皿设计、室内设计、珠宝设计和玩具设计；新媒体包括记录媒体和电脑游戏；表演艺术包括乐器和乐谱；出版物包括书籍、报纸和其他印刷品；视觉艺术品包括古董、绘画、摄影和雕塑。

4. Hofstede 文化维度

Hofstede 文化维度是荷兰学者 Greet Hofstede 提出的 6 个用来衡量文化的维度，包括权力距离、个人主义和集体主义、男性特质和女性特质、不确定性规避、长期导向和短期导向、放纵和约束。根据 Hofstede 官网的解释，权力距离衡量的是一个社会中权力较弱的成员接受和期望权力不平等分配的程度，权力距离高的社会中，人们本能地接受社会等级秩序，而权力距离低的社会中，人们追求权力的平等分配，如果有不平等权力分配则需要有正当理由；个人主义社会中，人们倾向于接受松散的社会结构，个人只需照顾自己和直系亲属，集体主义社会中，人们倾向于用对于集体的绝对忠诚换取集体的照顾；男性特质代表对成就、英雄主义、自信以及对物质奖励的偏好，整个社会竞争性更强，特征代表着对合作、谦虚、关心弱势群体和生活质量的偏好，整个社会更加以共识为导向；不确定性规避表示社会成员对不确定性感到不安的程度，高不确定性规避的国家对信仰和规则严格遵守，而低不确定性规避的国家认为实践比规则更重要；长期导向社会较注重对未来的考虑，短期导向社会则更注重对短期内的考虑；放纵意味着一个社会允许相对自由地满足欲望与享受生活，约束是指社会以严格的规范来抑制欲望和享受需求的满足。

5. GLOBE 文化维度

GLOBE 文化维度是 Robert House（2004）于 1991 年发起的项目，其中，9 个维度包括成果导向、决断力、未来导向、人本导向、制度集体主义、内部集体主义、性别平等和权力距离。成果导向指集体为对于出色成果而鼓励和奖励团队成员的程度；决断力指个人在与他人的关系中，具有自信、对抗性和侵略性的程度；未来导向指个人参与（和应该参与）未来导向行为的程度，如计划、投资未来和延迟满足；人本导向指一个集体因公平、利他、慷慨、关心和善待他人而鼓励和奖励个人的程度；制度集体主义指组织和社会制度对资源的集体分配和集体行动的鼓励和奖励的程度；内部集体主义中指个体在其组织或家庭中表达自豪、忠诚和凝聚力的程度；性别平等指集体最大限度地减少性别不平等的程度；权力距离指社会接受和认可权力、权力差异和特权的程度。

二、文献综述

在本研究中，研究的主要话题是国家文化距离对于中国创意产品出口的影响。在国际贸易领域，贸易引力模型是研究进出口量的经典模型，也是本文所采用的理论模型；国家文化距离作为本文的主要解释变量，国内外学者也有众多相关的研究成果；创意产品出口作为本文的被解释变量，虽然在变量名上直接相关的文献不多，但文化产品与创意产品的定义在很大程度上有相似与重合之处，所以本章将主要从贸易引力模型、国家文化距离和文化创意产品贸易三个角度对国内外相关文献进行回顾和评价。

（一）贸易引力模型的相关研究

贸易引力模型的思想主要来源于牛顿物理学经典理论——万有引力定律，即两物体之间引力大小与两者质量成正比而与两者之间距离成反比。学界大多认为 Tinbergen（1962）和 Poyhonen（1963）最早开始对于贸易引力模型的研究，他们使用引力模型对双方贸易流量进行了研究，最后得出了两国双边贸易规模与双方的经济总量成正比与两国之间的距离成反比的结论。随着学者对于引力模型研究的不断深入，更多的解释变量被引入引力模型，Linnemann（1966）在研究中将人口作为解释变量加入引力模型，发现两国贸易规模与两国人口数量呈正相关关系；Berstrand（1989）则采用人均收入这一变量代替人口数量；Wei（1996）则将是否使用相同的语言这一虚拟变量引入研究；在国内学者的研究中，张昱，唐志芳（2006）将是否是 APEC 成员和是否是发达国家两个虚拟变量引入研究；田晖，蒋辰春（2012）引入文化距离作为解释变量来研究中国对外贸易。

（二）国家文化距离的相关研究

1. 文化维度数据

Hofstede 文化维度是目前在文化距离相关研究中采用最广泛的文化维度，这项研究的成果最初来自 20 世纪 60 年代到 70 年代 IBM 的一项全球范围的调查问卷。起初 Hofstede 将文化分为权力距离、个人主义和集体主义、不确定性规避和男性特质和女性特质四个维度。1991 年，Hofstede 加入了长期导向和短期导向的维度。2010 年增加了放任和约束作为第六个维度。1991 年，Robert House 发起了 GLOBE 项目，在 Hofstede（1980）研究的基础上，在世界范围内进行调查研究，于 2004 年公布了成果导向、决断力、未来导向、人本导向、制度集体主义、内部集体主义、性别平等和权力距离九个文化维度的调查数据。1981 年，世界多国社会科学家发起了世界价值观调查（World Value Survey）项目，开始对近 100 个国家进行调查研究，调查涉及了对民主的支持度、对外国人和少数民族的容忍度、对性别平等的支持度、宗教的作用和虔诚度的变化、全球化的影响、对环境的态度、工作、家庭、政治、民族认同、文化、多样性、不安全感和主观幸福感。

2. 衡量文化距离的方法

Tadesse 和 White（2008）在研究中采用了世界价值观调查、欧洲价值观调查（European Values Survey）的 Traditional authority vs. Secular-Rational authority (TSR) 和 Survival values vs. Self-Expression values (SSE) 两个维度上的数据，并以以下公式计算出文化距离：

$$CD_{ij} = \sqrt{(\overline{TSR_j} - \overline{TSR_i})^2 + (\overline{SSE_j} - \overline{SSE_i})^2}$$

Kogut Singh（1988）采用 Hofstede（1980）的四个文化维度根据以下公式计算出文化距离：

$$CD_{ij} = \sum_{k=1}^{4} \{(I_{kj} - I_{ki})^2 / V_k\} / 4$$

KS 法相比 TW 法将各维度的离散程度考虑进去，相对更加合理。

3. 文化距离对商业的影响

近年来，文化因素不断进入商业各个领域学者的研究范围。Hoskins 和 Mirus（1988）提出“文化折扣”的理论，指因为不同国家的文化背景差异，文化产品在其他国家不被理解或者接受而导致价值降低。在研究跨国公司时，Griffith 和 Russell（2005）发现文化距离与美国跨国公司的进入模式选择之间存在着显著的负相关关系；在高新技术产业，文化距离与企业国际化呈负相关，而在其他产业呈正相关；文化距离对发达国家投资的跨国企业绩效也有很强的正向影响。在研究跨国并购时，Steigner 和 Sutton（2011）发现较大的文化距离对无形资产较高的投标人的长期业绩有积极影响。在研究中国对外直接投资时，李元旭和姚明晖（2014）分别通过 Hofstede 文化维度和 GLOBE 文化维度衡量国家文化距离，发现 FDI 存量与两种方法测量文化距离均呈现显著负相关关系，且在研究 FDI 时，GLOBE 文化维度相比 Hofstede 文化维度更加适用和全面。

（三）文化创意商品贸易的相关研究

国内外文化创意产品贸易相关研究已有众多相关文献，但文化距离对文化创意产品贸易的影响方向却有不同的结论。Tadesse 和 White（2008）在研究文化产品出口时发现在其研究的五类文化产品当中，文化遗产和视听媒体这两类文化产品的出口与文化距离显著负相关，而印刷品、音乐和表演艺术、视觉艺术三类文化产品出口与文化距离正相关但不显著。曲如晓和韩丽丽（2010）通过研究 1992—2008 年中国与其 9 个贸易伙伴间的文化商品出口，得出文化距离对于中国文化商品出口具有正向影响。但许和连和郑川（2014）在利用 2002—2012 年间中国与其 54 个主要文化商品贸易国的贸易数据，针对我国核心文化商品（工艺品、出版物和声像制品）分别进行实证研究后，得出在三项核心文化商品上，文化距离作为总体指标对于出口均有负面影响，而从不同的文化维度上看，影响方向又不尽相同的结论。而王洪涛（2014）研究发现，文化距离与中国创意产品出口之间有水平S型曲线关系，对于发展中经济体，文化距离对中国创意产品出口有负向作用，而对与发达经济体则相反。曲如晓和曾燕萍（2015）通过研究2001—2010年的相关数据，发现中国文化多样性综合指数呈上升势头，对文化产品进口有显著的正向影响；贾晓朋和吕拉昌（2017）发现中国文化出口贸易受到产业结构的影响。

（四）总体文献评价

不管是从贸易引力模型，国家文化距离或者文化创意产品贸易的角度来看，前人的研究成果都已经十分丰富，但是文化作为一个抽象概念，具体的衡量仍然有较多不同的标准，且每种标准都难以保证衡量的全面性，而这些标准也在随着学者研究的不断进行而丰富和完善（Hofstede文化维度不断增加，以Hofstede文化维度为基础的GLOBE文化维度也更加丰富），因此文化对于贸易的影响仍有进一步发展的空间。同时随着交通运输技术发展，地理距离所代表的运输成本在不断下降，以及文化创意产品往往为高附加值、高单位体积价值的商品，所以受到运输成本的影响应相对较低，也产生了利用最新数据对文化创意产品贸易进行研究的必要。因此本文也会着重从不同的衡量文化距离的角度入手，同时与时俱进利用最新数据验证贸易引力模型中的其他变量的显著性。

三、模型、变量、样本的选择

（一）模型的选择

贸易引力模型相关研究自20世纪中期（Tinbergen，1962）就已开始，最早纳入模型的变量为贸易双方的国内生产总值（GDP）以及双方的地理距离，其最基本的形式如下：

$$T_{ij} = AY_iY_j/D_{ij} \tag{1}$$

其中，T_{ij}表示贸易双方i国与j国之间的贸易额，A为常数项，Y_i是i国的GDP，Y_j为j国的GDP，D_{ij}为i国与j国之间的地理距离。由于在此形式下变量

之间并非线性关系，为使其具有线性关系，将模型转化为对数形式，即

$$LnT_{ij} = \beta_0 + \beta_1 LnY_i + \beta_2 LnY_j + \beta_3 LnD_{ij} + \mu_{ij} \quad (2)$$

其中，β_0 为常数项，β_1，β_2，β_3 为回归系数，μ_{ij} 是标准随机误差。

（二）变量及样本的选择

除文化距离这个影响因素以外，曲如晓，韩丽丽（2010）在研究中国文化商品贸易的影响因素时发现对象国或地区的互联网利用率是重要的影响因素；田晖，蒋辰春（2012）在研究文化距离对于中国对外贸易的影响时，发现对象国的人口规模也是重要的影响因素。因此，在研究中国创意商品出口金额的过程中，除了引入贸易双方的 GDP、地理距离以及文化距离之外，还将引入对象国或地区的人口规模、互联网利用率作为解释变量。

1. 被解释变量

本文的被解释变量为中国在 t 年对 j 国创意商品出口的总金额及工艺品、声像制品、设计、新媒体、表演艺术、出版物和视觉艺术品 7 个创意商品分类出口金额（$ExportT_{jt}$、$ExportAC_{jt}$、$ExportAV_{jt}$、$ExportDE_{jt}$、$ExportNM_{jt}$、$ExportPA_{jt}$、$ExportPU_{jt}$、$ExportVA_{jt}$，依次对应）：本文关于创意商品出口金额的数据来源联合国贸易与发展会议（UNCTAD）数据库，其中对于创意商品的分类包括工艺品、声像制品、设计、新媒体、表演艺术、出版物和视觉艺术品 7 类。对于样本，作者选择了 2006—2015 年十年间中国 34 个创意商品出口的对象国和地区，包括阿根廷、澳大利亚、巴西、加拿大、中国香港特别行政区、中国台湾、哥伦比亚、丹麦、埃及、法国、德国、希腊、印度、印度尼西亚、意大利、日本、韩国、马来西亚、墨西哥、荷兰、新西兰、尼日利亚、菲律宾、葡萄牙、俄罗斯、新加坡、南非、西班牙、瑞典、瑞士、泰国、土耳其、英国和美国，中国对此 34 个国家和地区的创意商品出口额在 2006—2015 年间占到了中国同期创意商品总出口额的 85.6%，所选样本代表性强。

2. 解释变量

（1）j 国在 t 年的 GDP（GDP_{jt}）：此项数据来源于 UNCTAD 数据库，代表了对象国的经济规模，预计将会对中国创意商品出口有正向影响。

（2）中国在 t 年的 GDP（GDP_{ct}）：此项数据来源于 UNCTAD 数据库，代表了中国的经济规模，预计将会对中国创意商品出口有正向影响。

（3）j 国与中国之间的地理距离（GD_{cj}）：此项数据来源于自法国国际信息展望中心数据库（CEPII），衡量的是两国首都之间的最短距离，一定程度上代表了中国与创意商品出口对象地区之间进行贸易的物流成本，预计将会对中国创意商品出口有负向影响。

（4）j 国在 t 年的人口规模（Pop_{jt}）：此项数据来源于 UNCTAD 数据库。由于人口规模影响既影响了人均 GDP 即人均购买力的大小，同时又影响了整体购买规模的大小，具体影响方向无法判断。

（5）j 国在 t 年的互联网利用率（IU_{jt}）：此项数据来源于国际电联（ITU）数据库。互联网使得世界文化交流更加顺畅，促进了国家间文化的相互了解，于是可以激起对不同文化的好奇心。笔者认为互联网的使用率越高，民众对于不同文化的好奇心也越高，对于不同国家创意商品的需求也会越高，因此预计对象国或地区的互联网利用率对中国创意商品出口有正向影响。

（6）j 国与中国的文化距离（CD_{cj}）：此项数据来源于 Hofstede Insights 网站以及 GLOBE Project 网站。Hofstede 将国家文化分为六个维度，分别是权力距离、不确定性规避、个人主义 / 集体主义、男性特质 / 女性特质、长期取向 / 短期取向，自身放纵 / 约束。GLOBE 项目在 Hofstede 前五个维度的基础上，将文化分为九个维度，分别是权力距离、不确定性避免、人本导向、机构集体主义、内群体集体主义、决断性、性别平等、未来导向和成就导向。在计算整体文化距离过程中，作者将采用 Kogut 与 Singh（1988）的测量公式，具体公式如下：

$$CD_{cj} = \sum_{i=1}^{n} \{(I_{ij} - I_{ic})^2 / V_i\} / n \tag{3}$$

CD_{cj} 为中国与 j 国的文化距离，I_{ij} 表示 j 国在第 i 个文化维度上的取值；I_{ic} 表示中国在第 i 个文化维度上的取值，V_i 表示第 i 个文化维度的方差，n 表示总共 n 个文化维度（Hofstede 有 6 个维度，即 n = 6；GLOBE 项目有 9 个维度即 n = 9）。本为将采用 Hofstede（CD_{cj}_Hof），GLOBE（CD_{cj}_GLOBEsp，CD_{cj}_GLOBEsv），两种文化维度的分类对文化距离的影响进行验证，其中 GLOBE 的九种文化维度又分别有社会行为（CD_{cj}_GLOBEsp）和社会价值观（CD_{cj}_GLOBEsv）两种衡量角度。

（三）描述性统计

2006年到2015年十年间，在选取的34个中国贸易伙伴中，中国全年创意产品总体出口最大额出现在2014年对中国香港的出口，最小额出现在2006年对哥伦比亚的出口；工艺品出口最大额出现在2015年对美国的出口，最小额出现在2006年对阿根廷的出口；声像制品出口最大额出现在2012年对泰国的出口，最小额出现在2006年对埃及的出口；设计出口最大额出现在2014年对中国香港的出口，最小额出现在2006年对尼日利亚的出口；新媒体出口最大额出现在2008年对美国的出口，最小额出现在2006年对瑞典的出口；表演艺术出口最大额出现在2015年对美国的出口，最小额出现在2006年对埃及的出口；出版物出口最大额出现在2015年对美国的出口，最小额出现在2006年对瑞士的出口；视觉艺术出口最大额出现在2012年对美国的出口，最小额出现在2007年对尼日利亚的出口。GDP方面，所有观测值的最大值出现在2015年的美国，最小值出现在2006年的埃及；中国GDP最大值出现在2015年，最小值出现在2006年，以首都距离计算，和中国地理距离最远的国家是阿根廷，最近的国家是韩国。人口数量方面，所有观测值中最大值出现在2015年的印度，最小值出现在2006年的新西兰。从互联网使用率方面来看，所有观测值的最大值出现在2015年的丹麦，最小值出现在2006年的印度。描述性统计如表1所示。

表1 描述性统计

变量	样本数量	均值	标准差	最小值	最大值
$ExportT_{jt}$	340	3065.277	6811.653	89.03959	55668.47
$ExportAC_{jt}$	340	285.3388	523.896	8.277692	4425.492
$ExportAV_{jt}$	340	24.91632	57.01605	0.00033	321.2811
$ExportDE_{jt}$	340	2177.424	5198.856	58.89337	50540.1
$ExportNM_{jt}$	340	310.3369	789.4464	0.098794	4810.288
$ExportPA_{jt}$	340	33.77487	67.61569	0.612304	463.1466
$ExportPU_{jt}$	340	69.72297	168.0262	0.44106	947.3642
$ExportVA_{jt}$	340	163.7626	363.7604	1.722606	3239.226
GDP_{jt}	340	1524693	2735574	107741.5	1.83E+07
GDP_{ct}	340	6940051	2801531	2752120	1.11E+07

续表

变量	样本数量	均值	标准差	最小值	最大值
GD_{cj}	340	7857.13	4197.43	955.6511	19297.47
Pop_{jt}	340	104578.6	210047.9	4185.917	1309054
IU_{jt}	340	57.1922	26.46789	2.8055	96.3305
CD_{cj}_Hof	340	2.572	1.231792	0.3141687	5.013447
CD_{cj}_GLOBEsp	340	1.749974	0.8867975	0.2508022	4.609025
CD_{cj}_GLOBEsv	340	2.676897	1.040135	0.7216235	4.578808

（四）本文模型的建立

本文主要研究文化距离对中国创意商品出口的影响，被解释变量为中国创意商品出口总额及创意商品七种分类商品出口额，自变量中文化距离主要采用 Hostede 文化维度和 GLOBE 文化维度两种文化维度的分类（包括三种衡量方式）进行分别验证中国与对象国或地区的 GDP、地理距离、对象国或地区的人口规模、互联网使用率。以解释中国创意商品出口总额为例，扩展引力模型后如下。

模型（1）：

$$\begin{aligned} \text{Ln ExportT}_{jt} &= \beta_0 + \beta_1 \text{Ln GDP}_{jt} + \beta_2 \text{Ln GDP}_{ct} + \beta_3 \text{Ln GD}_{cj} + \beta_4 \text{Ln Pop}_{jt} \\ &+ \beta_5 \text{Ln IU}_{jt} + \beta_7 \text{Ln CD}_{cj}\_\text{Hof} + + \mu_{ij} \end{aligned} \tag{4}$$

模型（2）：

$$\begin{aligned} \text{Ln ExportT}_{jt} &= \beta_0 + \beta_1 \text{Ln GDP}_{jt} + \beta_2 \text{Ln GDP}_{ct} + \beta_3 \text{Ln GD}_{cj} + \beta_4 \text{Ln Pop}_{jt} \\ &+ \beta_5 \text{Ln IU}_{jt} + \beta_7 \text{Ln CD}_{cj}\_\text{GLOBEsp} + \mu_{ij} \end{aligned} \tag{5}$$

模型（3）：

$$\begin{aligned} \text{Ln ExportT}_{jt} &= \beta_0 + \beta_1 \text{Ln GDP}_{jt} + \beta_2 \text{Ln GDP}_{ct} + \beta_3 \text{Ln GD}_{cj} + \beta_4 \text{Ln Pop}_{jt} \\ &+ \beta_5 \text{Ln IU}_{jt} + \beta_7 \text{Ln CD}_{cj}\_\text{GLOBEsv} + \mu_{ij} \end{aligned} \tag{6}$$

模型（1）–（3）对应的回归结果如表 2 所示。

表 2　创意商品回归结果

	模型（1）	模型（2）	模型（3）
$\ln GDP_{jt}$	0.9550***	0.9329***	0.9370***
	(0.0786)	(0.0809)	(0.0772)
$\ln GDP_{ct}$	0.5110***	0.5147***	0.5167***
	(0.0362)	(0.0365)	(0.0361)

续表

	模型（1）	模型（2）	模型（3）
$lnGD_{cj}$	-0.1915	-0.6277**	-0.0867
	(0.2502)	(0.2475)	(0.2476)
$lnPop_{jt}$	-0.0886	0.0021	-0.1122
	(0.1142)	(0.1336)	(0.1100)
$lnIU_{jt}$	0.2574***	0.2531***	0.2595***
	(0.0502)	(0.0502)	(0.0503)
$lnCD_{cj}$_Hof	-0.7146***		
	(0.2616)		
$lnCD_{cj}$_GLOBEsp		0.0238	
		(0.2817)	
$lnCD_{cj}$_GLOBEsv			-1.1646***
			(0.3592)
Constant	-11.7272***	-9.1715***	-11.7710***
	(2.2522)	(2.3394)	(2.1134)
N	340	340	340
R-Square	0.7097	0.6383	0.7349

同理依次构建解释工艺品、声像制品、设计、新媒体、表演艺术、出版物和视觉艺术出口金额的模型（4）-（24）(见表3、表4、表5、表6)。

表3 工艺品（模型4、5、6）及声像制品（模型7、8、9）回归结果

	模型（4）	模型（5）	模型（6）	模型（7）	模型（8）	模型（9）
$lnGDP_{jt}$	0.8241***	0.8061***	0.7968***	1.6013***	1.6544***	1.4825***
	(0.0854)	(0.0887)	(0.0840)	(0.3455)	(0.3710)	(0.3410)
$lnGDP_{ct}$	0.2957***	0.3005***	0.3034***	-0.1732	-0.1320	-0.1362
	(0.0409)	(0.0412)	(0.0407)	(0.2434)	(0.2438)	(0.2424)
$lnGD_{cj}$	0.0669	-0.3428	0.1303	-0.7681	-1.3362***	-0.7280
	(0.2322)	(0.2263)	(0.2343)	(0.5416)	(0.5109)	(0.5610)
$lnPop_{jt}$	0.0128	0.0707	0.0055	-0.7646**	-0.8313**	-0.7389**
	(0.1097)	(0.1266)	(0.1073)	(0.3322)	(0.3705)	(0.3306)
$lnIU_{jt}$	0.2760***	0.2705***	0.2777***	-0.6243*	-0.7300**	-0.6301*
	(0.0574)	(0.0575)	(0.0575)	(0.3646)	(0.3647)	(0.3648)
$lnCD_{cj}$_Hof	-0.7348***			-1.4484**		
	(0.2433)			(0.5743)		
$lnCD_{cj}$_GLOBEsp		-0.0779			-0.8166	
		(0.2586)			(0.5960)	
$lnCD_{cj}$_GLOBEsv			-1.0992***			-1.9692**
			(0.3400)			(0.8138)

续表

	模型（4）	模型（5）	模型（6）	模型（7）	模型（8）	模型（9）
Constant	-12.0911***	-9.4618***	-11.9230***	0.3093	4.2600	1.3539
	(2.1176)	(2.1683)	(2.0230)	(5.7648)	(5.7647)	(5.6369)
N	340	340	340	340	340	340
R-Square	0.6567	0.5731	0.6732	0.3088	0.2567	0.3110

表 4　设计（模型 10、11、12）及新媒体（模型 13、14、15）回归结果

	模型（10）	模型（11）	模型（12）	模型（13）	模型（14）	模型（15）
$lnGDP_{jt}$	1.0412***	1.0145***	1.0135***	1.1305***	1.0716***	1.0555***
	(0.0913)	(0.0944)	(0.0886)	(0.2108)	(0.2239)	(0.2090)
$lnGDP_{ct}$	0.5453***	0.5504***	0.5533***	0.8200***	0.8495***	0.8414***
	(0.0432)	(0.0435)	(0.0429)	(0.1200)	(0.1207)	(0.1194)
$lnGD_{cj}$	-0.1173	-0.5826**	0.0152	-0.5683	-1.0471***	-0.4720
	(0.2579)	(0.2521)	(0.2479)	(0.4037)	(0.3868)	(0.4245)
$lnPop_{jt}$	-0.1398	-0.0390	-0.1666	-0.1135	-0.0880	-0.1108
	(0.1207)	(0.1396)	(0.1135)	(0.2158)	(0.2446)	(0.2170)
$lnIU_{jt}$	0.3036***	0.2979***	0.3072***	0.3581**	0.3315*	0.3597**
	(0.0604)	(0.0604)	(0.0606)	(0.1756)	(0.1756)	(0.1754)
$lnCD_{cj}$_Hof	-0.7270***			-1.1799***		
	(0.2701)			(0.4263)		
$lnCD_{cj}$_GLOBEsp		0.0822			-0.5934	
		(0.2878)			(0.4474)	
$lnCD_{cj}$_GLOBEsv			-1.2394***			-1.7469***
			(0.3599)			(0.6163)
Constant	-14.1002***	-11.3860***	-14.2071***	-18.8172***	-15.1264***	-18.3864***
	(2.3436)	(2.4058)	(2.1403)	(3.9159)	(3.9457)	(3.8692)
N	340	340	340	340	340	340
R-Square	0.7028	0.6388	0.7386	0.6429	0.5885	0.6402

表 5　表演艺术（模型 16、17、18）及出版物（模型 19、20、21）回归结果

	模型（16）	模型（17）	模型（18）	模型（19）	模型（20）	模型（21）
$lnGDP_{jt}$	0.8972***	0.8765***	0.8794***	1.0425***	1.0143***	1.0270***
	(0.0881)	(0.0907)	(0.0884)	(0.1395)	(0.1440)	(0.1334)
$lnGDP_{ct}$	0.0702*	0.0762*	0.0757*	0.5596***	0.5700***	0.5629***
	(0.0419)	(0.0420)	(0.0419)	(0.0688)	(0.0690)	(0.0681)
$lnGD_{cj}$	-0.0124	-0.3398	-0.0707	-0.3364	-0.6722**	-0.0592
	(0.2460)	(0.2346)	(0.2684)	(0.3454)	(0.3250)	(0.3262)

续表

	模型（16）	模型（17）	模型（18）	模型（19）	模型（20）	模型（21）
$lnPop_{jt}$	−0.0252	0.0201	−0.0179	−0.2461	−0.2113	−0.2926*
	(0.1154)	(0.1308)	(0.1206)	(0.1672)	(0.1873)	(0.1550)
$lnIU_{jt}$	0.2726***	0.2679***	0.2715***	−0.1297	−0.1375	−0.1217
	(0.0586)	(0.0585)	(0.0586)	(0.0975)	(0.0972)	(0.0975)
$lnCD_{cj}$_Hof	−0.5673**			−0.7184**		
	(0.2576)			(0.3626)		
$lnCD_{cj}$_GLOBEsp		−0.0287			−0.2454	
		(0.2680)			(0.3726)	
$lnCD_{cj}$_GLOBEsv			−0.6141			−1.5478***
			(0.3894)			(0.4736)
Constant	−10.8280***	−8.6612***	−10.1296***	−13.4216***	−11.0551***	−14.4162***
	(2.2376)	(2.2450)	(2.3001)	(3.1841)	(3.1539)	(2.8618)
N	340	340	340	340	340	340
R-Square	0.6714	0.6266	0.6509	0.5635	0.5169	0.6224

表 6 视觉艺术（模型 22、23、24）回归结果

	模型（22）	模型（23）	模型（24）
$lnGDP_{jt}$	1.0818***	1.0739***	1.0372***
	(0.1205)	(0.1262)	(0.1160)
$lnGDP_{ct}$	0.8047***	0.8124***	0.8154***
	(0.0672)	(0.0675)	(0.0667)
$lnGD_{cj}$	−0.0575	−0.3292	0.0235
	(0.2366)	(0.2205)	(0.2337)
$lnPop_{jt}$	−0.1859	−0.1567	−0.1871
	(0.1249)	(0.1387)	(0.1200)
$lnIU_{jt}$	0.2561***	0.2423**	0.2614***
	(0.0980)	(0.0980)	(0.0982)
$lnCD_{cj}$_Hof	−0.5352**		
	(0.2497)		
$lnCD_{cj}$_GLOBEsp		−0.1299	
		(0.2549)	
$lnCD_{cj}$_GLOBEsv			−0.8716**
			(0.3394)
Constant	−21.1880***	−19.4368***	−21.1139***
	(2.2783)	(2.2420)	(2.1360)
N	340	340	340
R-Square	0.6821	0.6530	0.7014

四、实证结果

本研究使用的是短面板数据，需要在混合回归模型、固定效应模型和随机效应模型之间做出选择。由于混合回归模型不考虑个体效应和时间效应的影响，不符合本文考察中国创意商品出口 34 个贸易伙伴的目的。同时模型中的地理距离和文化距离为非时序变量，固定效应模型不适用，因此笔者选择随机效应的广义最小二乘法（GLS）的分析方法。

（一）创意商品总出口额回归结果

表 2 中为模型（1）、（2）、（3）的实证分析回归结果，模型（1）和（3）拟合优度均在 0.7 以上，模型（2）拟合优度也在 0.6 以上，说明模型（1）–（3）解释力较强。从模型（1）–（3）的回归结果来看，对象国 GDP、中国 GDP 和对象国互联网使用率变量系数显著为正，说明中国创意商品出口额与出口对象国及中国本国的经济规模以及对象国的互联网使用率显著正相关。

由模型（1）和（3）可看出，Hofstede 文化维度衡量的国家文化距离以及 GLOBE 文化维度社会价值观角度衡量的国家文化距离变量系数显著为负，说明中国创意商品出口额与双方国家文化距离显著负相关；GLOBE 文化维度从社会行为角度衡量的国家文化距离的变量系数为正但不显著，说明 GLOBE 文化维度从社会行为角度衡量的国家文化距离并不适用于研究中国创意商品出口影响因素。而模型（1）和（3）对比，模型（3）的拟合优度 0.7349 大于模型（1）的 0.7097，说明利用 GLOBE 文化维度社会价值观角度衡量的国家文化距离相比 Hofstede 文化维度对中国创意商品出口额的解释力更强。

另外，对象国人口数量变量为负但不显著，说明对象国人口数量并未对中国创意商品的出口造成显著的影响。两国地理距离的变量系数为负但总体不显著，说明两国地理距离并未对中国创意商品的出口造成显著的影响，但作为贸易引力模型中的经典变量，此处不显著原因可能是因为近年交通运输和信息通信技术的不断进步，降低了地理距离造成的运输成本。

（二）七类创意商品出口额回归结果

表3～表6为模型（4）-（24）的实证分析回归结果，除模型（7）、（8）、（9）以外，其他模型拟合优度均在0.5以上，解释力较强。模型（7）、（8）、（9）均为拟合优度在0.3左右，模型解释力相对较弱。

工艺品（模型4、5、6）、设计（模型10、11、12）和视觉艺术（模型22、23、24）回归结果与中国创意商品总出口额相似，对象国GDP、中国GDP和对象国互联网使用率变量系数显著为正，说明中国工艺品、设计和视觉艺术出口额与出口对象国及中国本国的经济规模以及对象国的互联网使用率显著正相关；Hofstede文化维度衡量的国家文化距离以及GLOBE文化维度社会价值观角度衡量的国家文化距离变量系数显著为负，说明工艺品、设计和视觉艺术出口额与双方国家文化距离显著负相关；GLOBE文化维度从社会行为角度衡量的国家文化距离的变量系数在模型（2）、（23）为负，在模型（11）为正，但均不显著，说明GLOBE文化维度从社会行为角度衡量的国家文化距离并不适用。且在研究此三类商品的模型中，使用GLOBE文化维度社会价值观角度衡量国家文化距离的模型的拟合优度均大于使用Hofstede文化维度的模型，说明在研究中国工艺品、设计和视觉艺术出口时，GLOBE文化维度社会价值观角度衡量的国家文化距离解释力更强；对象国人口数量和两国地理距离两个变量均不显著，说明对象国人口数量和两国地理距离并未对中国工艺品、设计和视觉艺术商品的出口造成显著的影响。

声像制品（模型7、8、9）回归结果中，对象国GDP和对象国人口数量两个变量系数显著为正，说明声像制品出口额与出口对象国经济规模以及人口数量显著正相关；Hofstede文化维度衡量的国家文化距离和GLOBE文化维度从社会价值观角度衡量的国家文化距离的变量系数显著为负，说明声像制品出口额与双方国家文化距离显著负相关；GLOBE文化维度从社会行为角度衡量的国家文化距离的变量系数为负但不显著，说明GLOBE文化维度从社会行为角度衡量的国家文化距离并不适用。而相比模型（7）和（9），使用GLOBE文化维度社会价值观角度衡量国家文化距离的模型（9）的拟合优度大于使用Hofstede文化维度的模型（7），说明在研究中国声像制品出口额时，利用GLOBE文化维度社会价值观角度衡量的国家文化距离解释力更强；中国 GDP、两国地理距离和对象国互联网使用率三个变量系数均为负但不显著，说明中国经济规模、两国地理距离和对象国互联网使用率并未对中国声像制品的出口造成显著的影响。

新媒体（模型 13、14、15）回归结果中，对象国 GDP 和中国 GDP 两个变量系数显著为正，说明新媒体出口额与对象国经济规模及中国经济规模显著正相关；Hofstede 文化维度衡量的国家文化距离和 GLOBE 文化维度从社会价值观角度衡量的国家文化距离的变量系数显著为负，说明新媒体出口额与双方国家文化距离呈负相关；GLOBE 文化维度从社会行为角度衡量的国家文化距离的变量系数为负但不显著，说明 GLOBE 文化维度从社会行为角度衡量的国家文化距离并不适用。模型（13）和（15）拟合优度接近，说明在研究中国新媒体出口额时，使用 Hofstede 文化维度和使用 GLOBE 文化维度社会价值观角度衡量的国家文化距离的模型解释力相近；对象国互联网使用率变量系数均为正，但仅在模型（13）和（15）中显著，在模型（14）中不显著，显著性不稳定；两国地理距离和对象国人口数量两个变量系数均为负但总体不显著，说明两国地理距离和对象国人口数量并未对中国新媒体的出口造成显著的影响。

表演艺术（模型 16、17、18）回归结果中，对象国 GDP 和对象国互联网使用率两个变量系数显著为正，说明表演艺术出口额与出口对象国经济规模及互联网使用率显著正相关；Hofstede 文化维度衡量的国家文化距离变量系数显著为负，但 GLOBE 文化维度从社会行为和社会价值观角度衡量的国家文化距离变量系数均为负但不显著，说明变量显著性并不稳健；中国 GDP、两国地理距离和对象国人口数量三个变量系数均为负但不显著，说明中国经济规模、两国地理距离和对象国人口数量未对中国表演艺术的出口造成显著的影响。

出版物（模型 19、20、21）回归结果中，对象国 GDP 和中国 GDP 两个变量系数显著为正，说明出版物出口额与出口对象国经济规模以及中国经济规模显著正相关；Hofstede 文化维度衡量的国家文化距离和 GLOBE 文化维度从社会价值观角度衡量的国家文化距离的变量系数显著为负，说明出版物出口额与双方国家文化距离显著负相关；GLOBE 文化维度从社会行为角度衡量的国家文化距离的变量系数为负但不显著，GLOBE 文化维度从社会行为角度衡量的国家文化距离并不适用。而相比模型（19）和（21），使用GLOBE文化维度社会价值观角度衡量国家文化距离的模型（21）的拟合优度大于使用Hofstede文化维度的模型（19），说明在研究中国出版物出口额时，利用GLOBE文化维度社会价值观角度衡量的国家文化距离解释力更强；两国地理距离、对象国人口数量和对象国互联网使用率三个变量系数均为负但不显著，说明两国地理距离、对象国人口数量和对象国互联网使用率并未对中国出版物的出口造成显著的影响。

五、研究结论和建议

本文通过构建扩展后的引力模型分析国家文化距离对中国创意商品及其七种分类商品出口的影响，结果表明国家文化距离对中国创意商品总体出口以及工艺品、声像制品、设计、新媒体、出版物和视觉艺术六类创意商品出口有显著的负向影响。出口对象国经济规模对中国创意商品总体出口以及工艺品、声像制品、设计、新媒体、表演艺术、出版物和视觉艺术七类创意商品出口均有显著正向影响。中国经济规模对中国创意商品总体出口以及工艺品、设计、新媒体、出版物和视觉艺术五类创意商品出口有显著正向影响。对象国人口规模仅对中国声像制品出口有显著负向影响。对象国互联网使用率对中国创意商品总体出口以及工艺品、设计、表演艺术和视觉艺术四类创意商品出口有显著正向影响。两国地理距离对中国创意商品总体出口以及工艺品、设计、新媒体、出版物和视觉艺术七类创意商品出口均无显著影响，可能的原因是因为近年交通运输和信息通信技术的不断进步，降低了地理距离造成的运输成本。

通过对比发现，GLOBE文化维度从社会行为角度衡量的国家文化距离并不适用于研究中国创意商品及其七种分类商品出口的研究，可能的原因是人们的价值观缺不一定与现实中所做的行为完全一致，而在贸易过程中，消费者选择双翼商品时则是根据自己的价值观来进行判断，因此从社会行为角度衡量的文化距离在研究创意产品贸易时并不适用；而GLOBE文化维度从社会价值观角度衡量的国家文化距离的解释力要强于Hofstede文化维度，可能的原因是GLOBE文化维度相比Hofstede文化维度更加全面地对文化属性进行了划分，对文化地描述更加具体完整，因此解释力更强。

总的来说，国家文化距离对于中国创意商品出口具有负向影响，中国出口创意商品时应了解出口对象国的文化，并在文化商品中适当因地制宜地吸收外国文化精华来促进文化商品的出口，同时也可以借助互联网的力量让外国更好地了解和接受中国文化。而在研究中国创意商品出口时，GLOBE 9 个文化维度的社会价值观角度相比 Hofstede 6 个文化维度分析维度更加全面，解释力更强，有助于更好地理解中国本国文化、出口对象国文化以及中国创意商品附属的文化特质。

由于本文的目的主要是在研究文化距离对于创意产品贸易的影响的基础上比较衡量文化距离的不同标准，因此并未将文化分成不同维度研究文化距离对于创意产品的影响。由于前人在研究创意产品贸易时多使用的是解释力相对较弱且细分文化维度较少的 Hofstede 文化维度，未来的研究可以从解释力较强且文化维度细分更全面的 GLOBE 文化维度中的九个文化维度分别入手研究不同文化维度对于创意产品贸易的影响，以从更具体地角度为中国创意产品出口建言献策。

跨国并购对中国上市公司创新绩效的影响[①]

一、绪论

(一) 研究背景

在经济全球化不断推进的世界大背景下，国际资本流动日益活跃。其中，国际投资的快速增长是近年来国际资本流动结构的一个显著特征。美国和日本等发达国家的实践证明，跨国公司的发展离不开企业的兼并与收购。随着经济全球化的不断深入和国内“走出去”的政策引导，我国逐渐调整外资政策，利用外资的方式逐渐从传统的合资合作方式转为跨国并购方式。越来越多的中国企业选择通过跨国并购进一步进军全球市场。

如表 1 所示，中国对外直接投资呈逐年发展态势，2017 年中国对外投资经济存量高达 18090.4 亿美元，位居全球第二，这充分说明中国的对外直接投资多年来取得了巨大进步。与此同时，跨国并购也取得了很大进展，成为对外直接投资的重要途径。数据表明，2016 年我国并购案例（同比增长 17.4%）和并购金额（同比增长 58.9%）达到历史新高。越来越多的企业采用并购这种开放式策略以期提升技术水平。但跨国并购是否可以提升企业的创新绩效水平，值得进一步研究。

① 其他合作者：秦鑫冉，女，学士，就读于北京外国语大学国际商学院。

表 1　中国对外直接投资概况

年份	流量			存量	
	金额	全球位次	同比（%）	金额	全球位次
2012	878.0	3	17.6	5319.4	13
2013	1078.4	3	22.8	6604.8	11
2014	1231.2	3	14.2	8826.4	8
2015	1456.7	2	18.3	10978.6	8
2016	1961.5	2	34.7	13573.9	6
2017	1582.9	3	-19.3	18090.4	2

来源：2017 年度中国对外直接投资公报。

中国作为一个发展中大国，虽经历了多年的快速发展，但在创新方面仍落后于发达国家企业。为了在激烈的国际竞争中争取有利地位，寻求技术突破、提高创造力成为中国企业亟须解决的问题。对中国企业而言，依靠自身内部创新能力的提升具有开发周期长、研发投入大、发展风险高等问题，因此越来越多的企业把目光转向国际市场，跨国并购成为企业获取技术的重要途径。

本文主要研究中国企业实施跨国并购战略后对创新绩效的影响。当代中国正在对外开放的大背景下进行新一轮的经济转型：由“重视数量”转向“重视质量”，特别是党的十八大以来，创新被摆在国家发展全局的核心位置，中国经济由要素驱动转向创新驱动是经济发展的必然趋势。国家政策鼓励支持企业通过跨国并购等策略开展国际创新合作。企业可通过跨国并购行为获取外部技术，提升技术能力，促进产业升级，从而缩短从技术到商品的时间，提高国际竞争力和参与度，同时降低相关风险水平，加快我国科技发展进程，为我国建设创造强国奠定基石。

（二）研究意义

当今世界经济的竞争离不开创新。企业若想实现持续增长，就必须在发展眼光上关注国际化布局，在竞争策略上，由过去的以国内市场为主转向国内国际两个市场并重，必须关注自身创新实力的提升。由于企业参与跨国并购的热情日益高涨，跨国并购在资本市场上也占据着举足轻重的地位，因而关于跨国并购的研究对政府和企业都有深远意义。中国企业跨国并购的根本动因是企业成长的需要和提升自身竞争力的需求，并购可以帮助企业学习新的创新技术，推动企业获得新的市场机会。如果想在未来的国际竞争中取得发言权，企业就需要积极把握主动权。创新能力是企业竞争的核心，但中国企业的整体创新水平与发达国家仍有较大差距。若想推动经济长足发展，转型“科技大国”，就必须积极参与到国际市场中来。

本文的研究可以从企业层面由理论到实证的分析，对于中国上市公司通过推动跨国并购策略去提升创新绩效具有一定的启示。同时，系统研究跨国并购对创新绩效的影响，有利于分析出中国企业跨国并购行为持续高涨的内因，并可以从中获取有利于国内资本市场稳健均衡发展的政策启示，从而更好地提升我国企业的创新水平。

（三）创新及不足

有关跨国并购对企业创新绩效影响的研究，国外开始的时间相对较早，而且数量较多。现有国内研究的主要局限在于：①关于跨国并购的现有研究多起源于发达国家，对发展中国家研究较少且不够全面，结论也不尽相同，其结论是否适用于更大范围也仍需研究；②由于近年来中国经济的迅速发展及政策环境的更新，中国企业跨国并购的情况有可能也发生了变化，现有文献难以解释当前中国经济形势下企业的跨国并购行为；③虽然中国企业跨国并购势头足，但并购失败率较高，跨国并购能否提高创新绩效这一问题仍需检验；④之前的相关研究多局限于一个或几个行业。

基于此，本文将围绕上述四个方面进行研究拓展。本文的研究意义可以体现在五个方面：①选取发展中国家主要代表——中国作为研究对象，探讨发展中国家企业的跨国并购和创新绩效；②结合当下经济政策发展形势，以 2013 年至 2017 年间中国上市 A 股公司跨国并购事件为研究对象，克服了已有文献时间上相对久远的缺陷；③采用倾向匹配得分法（PSM）和双重差分法（DID）进行实证研究，避免内生性问题，区别具有不同特征的企业，从企业地区、行业性质等方面分别研究，进而探讨企业跨国并购与创新绩效的关系；④涵盖了 A 股上市公司的 34 个行业，更利于研究跨国并购对创新的影响是否具有普遍性；⑤关于跨国并购对创新绩效影响的探讨，有利于丰富应用组织学理论在发展中国家的发展；对企业创新资源的研究，有利于促进企业资源基础观的发展。

本文的研究存在一定局限性，有待于后期更深入的研究：①未考虑企业跨国并购对创新绩效的积极影响是否具有可持续性。跨国并购复杂性高且创新能力具有不确定性，企业跨国并购对创新绩效的促进作用是一时的还是持续性的仍需进一步研究；②未将东道国发展水平考虑在内。东道国的制度、文化、创新水平等都会影响企业的创新绩效。

（四）研究思路

本文的内容和结构分为五个部分。第一是绪论，主要介绍了本文的研究背景和研究意义，并在归纳总结中外研究的基础上，提出了本文的创新点和不足。第二对相关文献进行了梳理与总结，整理出文献综述，并进行了假设推导。第三是研究设计，介绍了本文研究的数据来源及样本选择，完成了模型设定及变量定义。第四是本文的实证研究部分，主要运用了倾向匹配得分法（PSM）和双重差分法（DID）对数据进行检验。研究表明，跨国并购对创新绩效具有积极的促进作用，这一结论也通过了稳健性检验。第五是结论部分，回顾归纳了本文的研究结论，并根据我国企业的现实情况提出了相关建议。

本文的研究思路如图 1 所示。

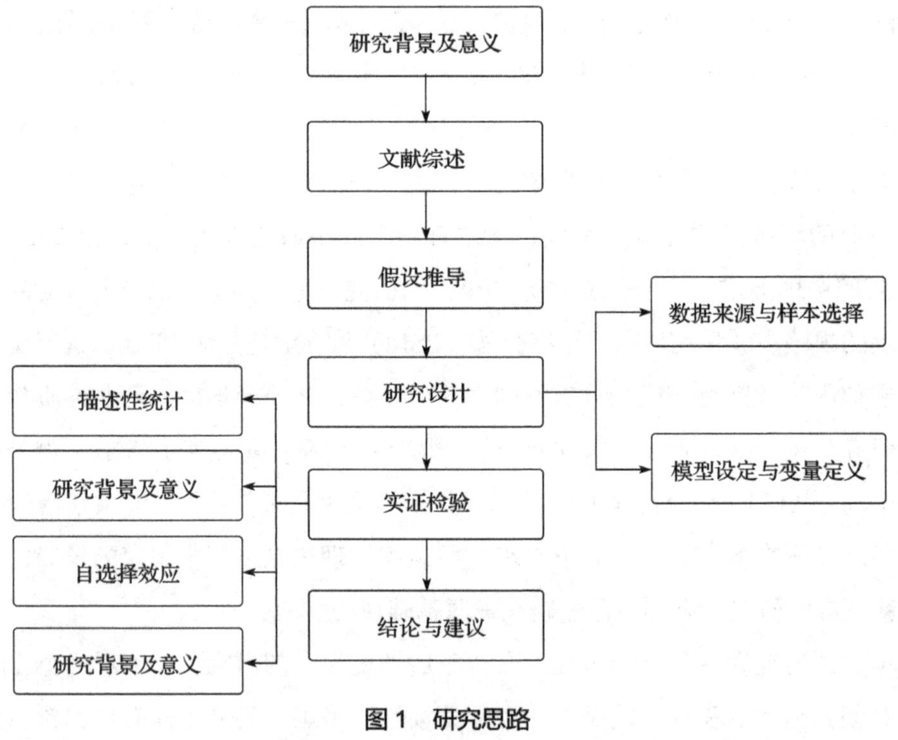

图 1　研究思路

二、文献综述与假设推导

（一）文献综述

对于跨国并购和创新的关系，国外学者已从多个维度进行了大量的实证研究和理论分析。首先，大多数学者选择以不同行业为研究视角，通过样本的多样性探讨跨国并购对创新的多重影响。Giovanni Valentini（2012）主要研究了美国医药行业和摄影器材行业，指出跨国并购行为对专利产出有积极影响，但是会降低专利内容的独创性。AL-Laham（2009）深入研究了美国生物科技行业，并认为技术获取式并购对并购企业专利数量的影响主要是通过目标企业的相似性以及过去的并购经验来实现的。

其次，从企业特征层面出发，不乏有研究去探索具有不同特征的企业的跨国并购行为。在对外部环境的探索中，Mrianna Makri（2010）提出并购双方的技术互补性和行业相似性是跨国并购企业需要考虑的关键因素。同样，Markides（1994）研究指出当并购发生在相似行业时，并购双方都可以取得更好的效益。此外，Hagedoom 和 Duysters（2002）通过研究发现，并购双方的技术相关程度对创新绩效有着重要影响，并购双方的技术相关性程度越高，并购的绩效就越好，选择合适的并购策略对于企业提升创新绩效至关重要。在跨国并购中，企业自身的禀赋条件会对并购结果产生不同的影响，企业规模、企业经验的差异会在跨国并购中对创新绩效产生不同的影响。在对企业内部层面的探索中，Moeller（2004）研究阐释了企业规模及其内在机理，他从并购方的资产、债务状况入手，解释了大型企业、小型企业在跨国并购中的差异，并指出企业规模的差异将影响企业跨国并购的结果。然而，Very P（1997）认为企业规模对企业并购的结果没有显著影响。虽然对企业规模与跨国并购绩效的研究尚未得出完全一致的结论，但继续有关如何放大企业规模效应的积极影响、减少其消极影响的探讨，仍有很大意义。关于企业的并购经验是否会影响并购结果的研究也颇多。King 等（2004）研究指出，企业的并购经验并不会对并购结果有显著影响。Métais（2013）则将时间效应与并购经验结合起来，得出结论：中期的并购经验有利于企业跨国并购的成功。Jefffrey L. Cummings（2003）的研究也发现知识转移的成功受制依赖于企业并购的经验。此外，Mueller, D. C. (1966) 提出，研发投入和企业跨国并购后的创新水平有显著相关性。Cohen（1990）提出，企业研发投资不仅可以促进企业内部新知识的产生，还可以帮助企业识别、吸收、利用外部的知识。因此，根据发生跨国并购行为的企业的不同特征，探究跨国并购对创新绩效的影响富有研究价值。

对于跨国并购对企业的影响，Sarianna Lundan（2001）认为，跨国并购可以增强企业的知识基础，开辟更广阔的国际市场。Freek Vermeulen（2001）指出跨国并购可以降低企业惰性，提高企业的生存发展能力。

关于对企业创新水平的衡量方法，Ahuja 和 Katila（2001）对技术并购类创新绩效的研究是该领域的经典之作。他们选择从专利的角度分析并购双方的技术知识基础，继而考察技术获取型并购对创新绩效的影响。本文选择以专利作为衡量企业创新绩效的标准，即是参考了 Ahuja 的研究方法。

国外学者关于并购的研究主要是以发达国家企业为基础，对发展中国家的企业研究较少。但是，国外学者的研究方法和结论等都对本文有很强的借鉴意义。

Chiu Kam Mok（2006）从中国产业入手，研究了技术转移活动和创新绩效的关系。他的研究发现，对中国制造业而言，跨国并购并不能使企业在短时间内提高创新绩效。因此，他提醒中国企业应提高其技术吸收转化能力和变革能力，促进贸易伙伴之间的技术转让。同时，最重要的是，中国企业必须重视对自主创新能力的培养，以保持其创新绩效的提高。

与国外学者相比，国内学者对跨国并购创新绩效的研究起步较晚，研究成果较少。但国内学者近年来对企业创新的关注不断上升，如许佳云（2014）研究提出企业的对外投资活动在很大程度上提高了企业创新研发的积极性。近年来，国内学者从经济、制度等宏观方面和交易性质、特征等微观方面对创新都进行了系列研究。

一方面，对于企业积极参与跨国并购的动因，陈爱贞（2016）提出跨国并购为资源获取型企业提供了弯道超车的绝好机会，使企业在学习国外先进技术的同时，能够逐渐形成自身的创新体系。吴添祖（2006）指出跨国并购是企业获取世界一流技术、实现自身跨越式发展的有效途径，有利于中国由制造大国向创造强国转变。冼国明（2018）的研究也表明海外并购对创新的影响不仅体现在数量上，也体现在创新质量的不断提高。

另一方面，对于企业跨国并购和创新绩效的关系，首先，谢洪明（2016）系统梳理了跨国并购的理论和实证研究，提供了一个系统的理论框架。高厚斌（2018）从产业组织理论的角度出发，研究了跨国并购整合对创新绩效的影响，他提出资源互补性越强时，结构性整合对创新绩效的抑制作用越强，跨国并购的成功率就越高。郝清民（2015）通过实证分析研究了技术类并购和自主研发对创新绩效的影响，用数据验证了技术类并购对各相关制造行业创新的影响各有不同。谢洪明（2018）也提出了行业的相关性，即并购双方的知识相关性也是对创新绩效产生积极作用的关键因素。与此同时，国内学者还研究了时间变量，发现跨国并购对创新绩效的影响具有时滞性。冼国明（2018）的研究指出跨国并购对创新绩效的影响具有持续性但呈逐年下降的趋势。曹崇延（2013）的实证研究表明，企业并购后绩效会持续下降，到第三年才开始回升。

在关于企业提升自身创新绩效的探索中，王诗翔（2014）研究了企业跨国并购后技术水平提升的原因，结果表明，吸收能力是通过跨国并购提升中国企业技术绩效的关键，吸收能力越强，企业并购后的绩效越好。吴先明（2016）从知识基础观角度出发，提出并购企业自身的知识特征以及参与并购双方的能力差异对创新绩效的影响程度不同。方琳（2007）指出跨国并购成功的原因，但她认为目前中国大多数企业不具备这种以获取先进技术为目的的跨国并购的能力。中国企业必须大力提升自主创新能力，改善知识基础，积极参与到国际竞争中，从成功的并购经验中不断学习。

国内企业对跨国并购和创新绩效相关的研究起步虽然较晚，但现在的热度只增不减，具有极高的研究价值。

（二）假设推导

在新的经济形势和“一带一路”政策引导下，伴随着国内企业并购经验的不断丰富和经济实力的不断提高，为了提高企业的创新能力，如今，越来越多的企业选择通过跨国并购来获取海外先进的创新资源，但跨国并购的风险也不容忽视。

考虑到跨国并购的复杂性和高风险，跨国并购需要较强的资金实力和良好的经营绩效支持。王宛秋（2016）的研究表明企业财务资源越充沛，越有利于企业跨国并购的成功。净资产收益率（ROE）可以作为参考指标衡量企业的获利能力。盈利能力强的企业由于有稳固坚实的资金支持，往往更有利于促进企业进行跨国并购。

对于企业跨国并购的动机，邓宁提出的国际生产折衷理论（The Eclectic of International Production，1977）将国际企业投资的动因划分为所有权优势、区位优势和内部化优势。和发达国家企业相比，发展中国家企业在技术创新方面处于相对弱势的地位，因此，为了应对激烈的国际竞争，发展中国家企业会寻求跨国并购来提升自身所有权优势，特别是技术创新优势。同样，根据沃纳菲尔特的资源基础理论（The Resource-Based Theory of the Firm，1984），企业竞争优势的来源是特殊的异质资源，这一理论为企业的长远发展指明了方向，即培育、获取能给企业带来竞争优势的特殊资源。创新作为促进企业发展的特殊资源的能力是显而易见的。许多企业希望通过跨国并购提高其技术水平和创新能力，融入世界市场，进而提升全球竞争力。

同时，不同的控股权类型可能会影响跨国并购与创新绩效的关系。一方面，国有企业身份在跨国并购活动中可能会受到东道国政府的区别对待，增加跨国并购的负担，因此可能会影响跨国并购对创新绩效的促进作用；另一方面，非国有企业特别是民营企业灵活性更强，更能从利润最大化出发，为自身发展考虑，在政策扶持作用下，在跨国并购中对企业创新的提升效应更明显。

因此，在总结相关研究和理论的基础上，本文提出如下研究假设：

假设 1：收益率高的企业进行跨国并购的概率更高。

假设 2：企业跨国并购与创新绩效存在正相关关系。

假设 3：不同所有制企业的跨国并购对创新绩效的影响程度不同。

三、研究设计

（一）数据来源与样本选择

本文利用中外专利信息服务平台及国家知识产权局网站查询专利数据，搜集的跨国并购案例数据主要来源于国泰安数据库和Zephyr全球并购交易数据库，企业属性和财务数据来源于Wind数据库，时间跨度为2013—2017年。本文数据按照以下标准筛选：①剔除金融行业类和ST类公司的并购事件；②剔除在并购前该公司股票上市不满一年和现已终止上市的样本；③剔除B股，H股，本次样本主要研究对象为沪深市场A股；④剔除并购活动尚未完成，或控制权没有发生转移的样本；⑤剔除样本数据可能失真的公司及缺失相关数据的公司。本文最终得到样本公司332家。本文的数据处理软件为Stata.14。

（二）模型设定与变量定义

影响企业创新绩效的内在或是外部因素中存在部分难以度量的因素，这些因素的遗漏会干扰回归分析中核心变量的解释能力，同时考虑到企业海外并购并非是随机的，企业存在异质性，直接使用OLS线性回归可能会导致内生性，造成研究结果的偏差，本文采用倾向匹配得分法（PSM）和双重差分法（DID）来研究跨国并购和创新绩效是否存在因果关系：首先运用最近邻匹配法为处理组（海外并购）企业样本匹配到合适的对照组企业，形成处理组和对照组；其次在此基础上建立DID模型，以此控制不随时间变化的不可控因素对创新绩效的影响，减轻内生性问题。本文构建的DID模型如表2所示。

表2 变量符号及含义

变量类型	变量名称及符号		变量含义
被解释变量	IP	创新绩效	用并购企业申请的专利数量来衡量
解释变量	MA	跨国并购	1代表发生并购的实验组样本，0表示未发生并购事件的对照组样本
	Year	时间	跨国并购之前一年取值为0，跨国并购发生当年及之后一年取值为1

续表

变量类型	变量名称及符号		变量含义
控制变量	Growth	成长性	用企业并购当年主营业务收入的增长率衡量，即(并购当年主营业务收入 - 上一年主营业务收入) / 上一年主营业务收入
	ROE	净资产收益率	用并购前一年的净资产收益率衡量，即报告期净利润 / 报告期末净资产
	Lev	资产负债率	用并购前一年并购方总负债与总资产比率表示
	Int	无形资产	用并购前一年企业无形资产的对数衡量
	Age	成熟度	用财务数据当年年份减去企业成立年份衡量
	Size	企业规模	用企业员工数的对数表示
	ROA	资产回报率	用净利润与平均资产总额比率衡量
	Industry	行业	参考证监会的行业分类
	Area	区域	参考国家统计局的东、中、西部分类

四、实证检验

（一）描述性统计

表 3 是对主要变量的描述性统计结果，创新绩效（IP）的中位数为 18，均值为 50.125，说明样本分布不平衡，样本具有代表性，企业创新绩效差异较大，有的企业创新绩效较小甚至为 0，有的企业创新绩效则较为可观。其他变量的描述性统计结果与现有文献相似，因此不再一一赘述。

表 3 描述性统计

	最小值	最大值	中位数	均值	标准差
IP	0	544	18	50.125	76.773
Growth	–0.437	4.07	0.163	0.287	0.572
ROE	–0.23	0.332	0.086	0.09	0.085
Lev	0.053	0.869	0.42	0.417	0.201
Int	12.895	23.944	18.661	18.734	1.841
Age	5.1	33.1	16	16.29	5.517
Size	3.932	13.207	7.956	8.027	1.304
ROA	–8.427	0.915	0.097	0.096	0.321

来源：Wind 数据库。

（二）自选择效应

使用得分倾向匹配（PSM）需要估计每个样本的匹配概率，在对表 4 中的模型 1–3 进行估计之前，本文利用 2013—2017 年上市公司数据，采用 logit 方法来探讨企业收益率与创新对企业海外并购行为的影响，进一步分析哪些企业更有可能在海外并购投资。该模型分成总样本、国有企业和非国有企业三个部分，得出结果见表 4。表 4 显示了国有企业、非国有企业和所有企业样本的 logit 回归结果。从非国有企业样本来看，净资产收益率（ROE）通过 90% 显著性水平的假设检验，说明净资产收益具有显著的统计意义，随着 ROE 的提升会增加非国有企业海外并购行为的概率。

表 4 Logit 回归

	模型 1	模型 2	模型 3
VARIABLES	全样本	国有	非国有
Growth	0.129	0.0306	0.139
	(1.298)	(0.124)	(1.254)
ROE	1.559**	1.604	1.589*
	(2.074)	(0.821)	(1.893)
Lev	–0.461	–0.964	–0.289
	(–1.386)	(–1.142)	(–0.786)
Int	–0.000507	0.0506	–0.00184
	(–0.0122)	(0.533)	(–0.0388)
Age	0.0146	0.0355	0.0157
	(1.356)	(1.324)	(1.285)
Size	0.0329	0.129	0.0209
	(0.535)	(0.911)	(0.301)
ROA	0.227	–1.458	0.318
	(0.752)	(–1.049)	(0.934)
Constant	–1.514**	–3.539**	–1.457**
	(–2.414)	(–2.032)	(–1.992)
Observations	1,533	309	1,224

注：国有企业样本 309 个，非国有企业样本 1224 个；所有行业总样本有 1533 个观测值。括号内为稳健标准差，***、**、* 分别表示在 1%、5%、10% 统计水平下显著。

这验证了假设一：收益率高的企业进行跨国并购的概率更高。ROE 体现的是企业的盈利能力，企业的创新研发活动离不开资金支持，盈利能力强的企业在创新开展中有稳固的财力支持，有利于企业海外并购的成功。这也说明中国企业的跨国并购存在自选择效应。国有企业系数不具有统计学意义但方向为正，说明国有企业有利于跨国并购，但国企身份对跨国并购的促进能力弱于非国有企业。

此外，高成长性（Growth）、规模较大（Size）、成熟度较高（Age）也有利于企业跨国并购。这些指标虽不具有统计学意义，但是其正向符号方向说明企业的高成长性会增加企业海外并购行为的概率。

通过 Logit 模型估计得到企业海外并购的倾向得分，并依此运用最近邻匹配法为处理组（海外并购）企业样本匹配到合适的对照组企业，本文先后进行 3 次得分倾向匹配，据表 5 可知，所有进行倾向匹配的变量处理组和对照组之间均不存在显著差异（显著性概率大于 10%），说明匹配结果是可靠的，选取的匹配变量是合理的，采用最近邻匹配取得了较好的效果，匹配得到的对照组企业能够控制样本的自选择效应。

表 5　PSM 匹配样本的平衡性条件检验

	所有企业样本				国有企业样本				非国有企业样本			
	处理组	对照组	t 值	p 值	处理组	对照组	t 值	p 值	处理组	对照组	t 值	p 值
Growth	0.32	0.35	–0.71	0.475	0.19	0.15	0.58	0.565	0.34	0.36	–0.31	0.76
ROE	0.10	0.10	0.46	0.649	0.08	0.09	–0.45	0.652	0.10	0.10	0.14	0.888
Lev	0.41	0.41	–0.41	0.679	0.51	0.52	–0.45	0.654	0.39	0.37	1.2	0.231
Int	18.72	18.78	–0.45	0.655	20.16	20.24	–0.26	0.798	18.41	18.47	–0.44	0.662
Age	16.56	16.82	–0.64	0.521	19.10	18.35	0.8	0.423	16.02	15.49	1.29	0.198
Size	8.06	8.02	0.43	0.667	9.01	9.12	–0.51	0.609	7.85	7.82	0.37	0.71
ROA	0.12	0.12	–0.07	0.941	0.08	0.07	0.42	0.678	0.13	0.14	–1.14	0.256

（三）跨国并购对创新绩效的初步检验

上文已检验了企业跨国并购投资的自选择效应，接下来将进一步揭示跨国并购与企业创新之间的因果关系，考察企业并购投资的事后处理效应。基于倾向得分匹配的处理结果，采用 DID 方法对表 6 中的模型 1 ～模型 3 进行估计，结果见表 6。

表 6　跨国并购对企业创新的影响

Independent Variable：IP	模型 1	模型 2	模型 3
	全样本	非国有企业	国有企业
dt	18.02***	17.07***	21.48
	(3.554)	(3.264)	(1.527)
du	17.61***	16.28***	20.99**
	(4.891)	(4.395)	(2.082)

续表

Independent Variable：IP	模型 1	模型 2	模型 3
	全样本	非国有企业	国有企业
dt*du	60.80***	60.37***	71.21***
	(8.739)	(8.752)	(2.965)
Growth	5.022**	4.132*	5.829
	(2.138)	(1.650)	(0.972)
ROE	65.80***	60.29***	89.78
	(3.373)	(2.990)	(1.603)
Lev	9.938	8.363	61.48
	(0.706)	(0.572)	(1.520)
Int	0.392	–0.394	5.329
	(0.216)	(–0.210)	(1.021)
Age	–0.233	–1.248	3.932
	(–0.170)	(–0.876)	(1.047)
Size	5.543*	5.536*	9.783
	(1.709)	(1.649)	(1.050)
ROA	0.260	0.485	–7.495
	(0.0635)	(0.128)	(–0.175)
Constant	–24.51	3.740	–251.3**
	(–0.708)	(0.107)	(–2.228)
区域效应	控制	控制	控制
行业效应	控制	控制	控制
Observations	1,533	1,224	309
R-squared	0.204	0.221	0.213
Number of Id	332	269	63
F	30.45	26.83	6.402
t-statistics in parentheses *** p < 0.01, ** p < 0.05, * p < 0.1			

表 6 的 3 个模型分别采取不同的样本，模型 1 是全样本的 DID 模型，拟合系数为 0.204，联合检验的 F 值为 30.45，通过 99% 显著性水平的联合检验，说明模型整体有效。

模型 2 是非国有企业样本的 DID 模型，拟合系数为 0.221，F 值为 26.83，通过 99% 显著性水平的联合检验，说明模型整体有效。模型 3 是国有企业样本的 DID 模型，拟合系数为 0.213，F 值为 6.402，通过 99% 显著性水平的联合检验，说明模型整体有效。

跨国并购 (du) 在全样本和非国有企业中均通过 99% 显著性水平，国有企业则通过95%显著性水平的假设检验。结果表明，跨国并购对企业创新能力存在正向有效的促进作用。为了研究跨国并购对企业创新能力的影响是否会受到并购时间效应的影响，特此引入交叉项(dt × du)。在三个模型中，交互项通过了99%显著水平的假设检验，且系数为正数，说明跨国并购后，企业的创新水平得到相应提高。这验证了假设二：企业跨国并购与创新绩效存在正相关关系。企业跨国并购能使企业迅速获得技术和资源，如果在此基础上可以有效开发、利用、整合，企业的创新绩效能够得到显著提升。

成长能力(Growth)是用来衡量公司发展速度和潜力的重要指标，该变量在全样本模型中系数为5.022，通过95%显著性水平的假设检验，具有统计学意义，表明成长能力对企业创新有积极影响。同时需注意到，企业成长性在国有企业模型中不具有统计学意义。净资产收益率（ROE）在全样本模型和非国有企业模型中的系数分别为65.80、60.29，均在1%的统计水平下显著为正，说明净资产收益率对创新绩效有正向影响，盈利能力强的企业往往有能力投入更多资金去引进或培养创新活动；同样，净资产收益率在国有企业模型中不具有统计学意义。这验证了假设三：不同所有制企业的跨国并购对创新绩效的影响程度不同。国有企业灵活性不及非国有企业因而影响了它在跨国并购中对创新的促进作用。

此外，控制变量的拟合情况表明，企业规模（Size）对企业创新能力存在显著的正向促进作用，由于规模较大的企业具有成本优势和先动优势，因而它们往往能在跨国并购活动中取得更好的经济效益。

（四）稳健性检验

为了检验模型的稳健性，尽可能降低内生性对结论的影响，本文改变计量模型，选用随机效应模型对结果进行检验。具体而言，本文在模型中加入劳动生产率（LP）再分别使用随机效应对模型进行估计。从表7的结果可知，控制上述效应后，跨国并购（du）依然具有统计意义且显著为正，说明跨国并购对企业创新能力的促进作用具有稳健性。劳动生产率（LP）系数为5.856，通过90%显著性水平的假设检验，说明劳动生产率对企业创新能力存在显著的正向促进作用。净资产收益率（ROE）、成熟度（Age）和企业规模（Size）均通过了99%显著性水平的假设检验，说明这些变量对创新绩效的正向促进作用是稳健的。

表 7　稳健性检验

Independent：IP	模型 1	模型 2
	随机效应	随机效应
dt	6.906*	6.037*
	(1.912)	(1.658)
du	11.91***	11.39***
	(3.822)	(3.643)
dt*du	66.93***	67.26***
	(10.14)	(10.19)
Growth	3.447	1.842
	(1.520)	(0.759)
ROE	70.71***	63.60***
	(3.845)	(3.389)
Lev	10.01	4.725
	(0.813)	(0.374)
Int	–0.137	–0.894
	(–0.0893)	(–0.564)
Age	2.373***	2.246***
	(4.065)	(3.822)
Size	14.18***	16.16***
	(5.950)	(6.187)
ROA	–0.960	–2.248
	(–0.237)	(–0.548)
LP		5.856*
		(1.855)
区域效应	控制	控制
行业效应	控制	控制
Constant	–148.8***	–234.1***
	(–3.749)	(–3.852)
Observations	1,533	1,533
Number of Id	332	332
z-statistics in parentheses *** p < 0.01, ** p < 0.05, * p < 0.1		

五、结论

在经济全球化的热潮中，中国企业纷纷走出国门参与到国际范围内的跨国并购活动中，并购规模和数量显著增长。同时，中国也是技术追赶国，因此将跨国并购与创新结合起来，探究跨国并购对企业创新绩效的影响具有重要意义。本文通过数据库及公司年报搜集数据，选取2013—2017年A股上市公司为研究对象，根据中外学者已有的研究和理论，选取跨国并购（MA）、跨国并购时间（Year）为自变量，以创新绩效（IP）为因变量，建立了PSM-DID回归模型。本文主要考察跨国并购对创新绩效的影响，利用STATA软件对假设构建的模型进行实证检验。回归结果表明：① Logit回归结果表明净资产收益率高的企业进行跨国并购的概率更高；②跨国并购对企业的创新能力有正向有效的促进作用；③非国有企业跨国并购对创新绩效的提升效应高于国有企业。

本文的实证研究结论表明，首先，企业跨国并购前的准备很重要，企业需大力提升自身的盈利能力，稳定的物质支持更有有利于推动跨国并购的顺利开展以及后期风险的应对。其次，企业在坚持推进内部研发的基础上，也要积极参与跨国并购，通过跨国并购获取的优质外部技术有利于提升企业的创新能力。在当今激烈的国际竞争环境下，企业的需求不仅仅是创新，更渴求效率更高、更有效的创新，在这样的背景下，越来越多的发展中国家选择通过跨国并购这一新的途径来提升企业的创新能力。与传统的企业内部研发相比，通过跨国并购获取外部技术可以在短时间内提升企业的创新能力。特别对于发展中国家而言，由于公司内部创新基础薄弱，在国际竞争中面临着发达国家创新企业强有力的竞争，往往处于劣势地位，因此可以通过“走出去”，利用跨国并购获取外部成熟的技术来弥补发展短板，同时后期通过研发、学习等手段为内部创新积累知识基础。研究发达国家的发展历程可以发现，大多数企业是在具备一定的内部创新能力之后才进行外部技术的利用。反观我国企业科研投入严重不足的现实，提高企业内部的创新能力也不容忽视。最后，基于非国有企业在跨国并购中更好的表现，我国应继续支持民营企业的发展，营造良好的政策环境，为非国有企业未来的发展体提供更多可能。

由于跨国并购本身的复杂性和不确定性，以及我国跨国并购市场仍处于发展阶段的事实，仍有许多地方需要学习和适应，所以虽然跨国并购对企业创新绩效具有促进作用，但现实情况中跨国并购整体失败率仍较高，企业能否在跨国并购中取得预期效果与诸多因素相关。因此，为了提高跨国并购的成功率，对企业而言：①要明确企业自身的优劣势，结合企业财务资金状况，避免盲目跟风；②在做好并购前的价值评估和对东道国的调查这一前提下，应当积极参与国际市场，树立国际竞争意识，增强经济实力，培养自身的竞争优势，了解国外优质资源、技术，争取在跨国并购中不断增加自己的筹码和主动权。

对政府而言：①政府应不断完善企业跨国并购的政策，鼓励企业进一步"走出去"；②积极支持引导企业通过开放式策略提升创新水平，支持中小企业，培育优势企业，营造好的经济环境；③建立完善可靠的跨国并购信息平台，为企业跨国并购提供更便捷的资源。

参考文献

[1] 115th Congress. H.R.4311-Foreign Investment Risk Review Modernization Act of 2017 [EB/OL]. Retrieved November 8, (2017, November 8), from https : //www.congress.gov/bill/115th-congress/house-bill/4311.

[2] Ahuja G, Katila R. Technological acquisitions and the innovation performance of acquiring firms: a longitudinal study [J]. Strategic Management Journal, 2001, 22 (3): 197-220.

[3] Aitken N D. The effect of the eec and efta on european trade, a temporal cross-section analysis [J]. The American Economic Review, 1973, 63 (5): 881-892.

[4] Aliber R Z. The interest rate parity theorem, a reinterpretation [J]. Journal of Political Economy, 1973, 81 (6): 1451-1459.

[5] Anderson J E, Van Wincoop. Gravity with gravitas, a solution to the border puzzle [J]. The American Economic Review, 2003, 93 (1): 170-192.

[6] Armstrong S P. The politics of japan–china trade and the role of the world trade system [J]. The World Economy, 2011, 35 (9): 1102-1120.

[7] Bailey M, Strezhnev A, Voeten E. Estimating dynamic state preferences from united nations voting data [J]. SSRN Electronic Journal, 2013.

[8] Banister D, Berechman Y. Transport investment and the promotion of economic growth [J]. Journal of Transport Geography, 2011, 9 (3): 209-218.

[9] Barro R J. Government Spending in a Simple model of Endogenous Growth [J], Journal of Political Economy, 1990, 98 (5): 103 -125.

[10] Beresford A, Pettit S, Xu Q. Williams S. A study of dry port development in china [J].

Maritime Economics Logistics, 2012, 14 (1): 73-98.

[11] Berger A N, G F. Udell. The cconomies of small business finance: the role of private equity and debt market in the financial growth cycle [J]. Journal of Banking and Finance, 1998, 22 (6-8): 613-673.

[12] Bergstrand J H. The generalized gravity equation, monopolistic competition, and the factor-proportions theory in international trade [J]. The Review of Economics and Statistics, 1998: 143-153.

[13] Blonigen B A. Firm-specific assets and the link between exchange rates and foreign direct investment [J].The American Economic Review, 1997, 87 (3): 447-465.

[14] Bown C P. Global antidumping database [EB/OL].(2017, November)[2010, March] from http, //econ.worldbank.org/ttbd/gad/.

[15] Buckley P J, Clegg L J, Cross A R, et al. The determinants of Chinese outward foreign direct Investment [J]. Journal of Inter-national Business Studies, 2007, 38 (35): 499-518.

[16] Buckley P J, Clegg J, Cross A R, Liu X, Voss H, Zheng P. The determinants of chinese outward foreign direct investment [J].Journal of International Business Studies, 2007, 38 (4): 499-518.

[17] Burghart N, Rossi V. China's overseas direct investment in the uk [N]. Chatham House Programme Paper, 2009.

[18] Campa J M. Entry by foreign firms in the united states under exchange rate uncertainty [J]. The Review of Economics and Statistics, 1993, 75: 614-622.

[19] Capron L, Pistre N. When do acquirers earn abnormal returns? [J]. Strategic Management Journal, 2002, 23 (9): 14.

[20] Chakrabarti R, Scholnick B.Exchange rate expectations and foreign direct investment [J]. Review of World Economics, 2002, 138 (1): 1-21.

[21] Chen K M, Rau H H, Lin C C. The impact of exchange rate movements on foreign direct investment, market-oriented versus cost-oriented [J]. The Developing Economies, 2006, 44 (3): 269-287.

[22] Criscuolo C, Haskel J E, Slaughter M J. Global engagement and the innovation activities of

firms [J]. International Journal of Industrial Organization, 2006, 28 (2): 1-202.

[23] Cushman D O. Real exchange rate risk, expectations, and the level of direct investment [J]. Review of Economics and Statistics, 1985, 67(2): 297-308.

[24] DiMaggio P, Zukin S. Structures of capital : The social organization of economic life [M]. Cambridge: Cambridge University Press, 1990.

[25] Elsass P M. Veiga, J. F. Acculturation in acquired organizations : a force-field perspective [J]. Human Relations, 1994, 47 (4): 431-454.

[26] Fosfuri A, Motta M. Multinationals without advantages [J]. Scandinavian Journal of Economics, 1999, 101 (4): 617-630.

[27] François Godement. China ' s market economy status and the European interest [EB/OL]. (2016, June 23), Retrieved April 3 from http : //www.ecfr.eu/publications/summary/chinas_market_economy_status_and_the_european_interest_7050.

[28] Froot K A, Stein J C. Exchange rates and foreign direct investment, an imperfect capital markets approach [J]. Quarterly Journal of Economics, 1999, 106(4): 1191-1217.

[29] Fuchs A, Klann N H. Paying a visit, The dalai lama effect on international trade [J]. Journal of International Economics, 2018, 91 (1): 164-177.

[30] Guan J C, Mok C K, Yam R C M, Chin K S, Pun K F. Technology transfer and innovation performance : evidence from chinese firms [J]. Technological Forecasting and Social Change, 2006, 73 (6): 666-678.

[31] Hakkinen, Lotta. Impacts of international mergers and acquisitions on the logistics operations of manufacturing companies [J]. International Journal of Technology Management, 2005, 29 (3/4): 362.

[32] Hofstede G. Motivation, leadership, and organization : do american theories apply abroad? [J]. Organizational Dynamics, 1980, 9 (1): 42-63.

[33] Hoskins C. Mirus R. Reasons for the us dominance in international trade in television programs [J]. Media Culture Society, 1988, 4: 499-504.

[34] House R J, Hanges P J, Javidan M, Dorfman P W, Gupta, V. (eds.). Culture, Leadership, and Organizations : The GLOBE Study of 62 Societies [M]. Thousand Oaks :

Sage Publications，2004.

[35] Itagaki T. The theory of the multinational firm under exchange rate uncertainty [J]. Canadian Journal of Economics，1981，14（2）：276-297.

[36] Ittner M C D. Shareholder benefits from corporate international diversification : evidence from u.s. international acquisitions [J]. Journal of International Business Studies，1994，25（2）：343-366.

[37] King M D R，Dalton D R，Daily C M，Covin J G. Meta-analyses of post-acquisition performance : indications of unidentified moderators [J]. Strategic Management Journal，2004，25（2）：187-200.

[38] Kogut B，Singh H. The effect of national culture on the choice of entry mode [J]. Journal of International Business Studies，1998，19(3)：411-432.

[39] Kolstad I，Wiig A. What determines chinese outward fdi? [J]. Journal of World Business，2012，47（1）：26-34.

[40] Leveque P，Roso V. Dry Port concept for seaport inland access with intermodal solutions [D]. Masters thesis，Department of logistics and transportation，Chalmers University of Technology，2012.

[41] Levinthal C D A. Special issue : technology，organizations，and innovation || absorptive capacity : a new perspective on learning and innovation [J]. Administrative Science Quarterly，1990，35（1）：128-152.

[42] Lien D，Oh C H，Selmier W T. Confucius institute effects on China's trade and FDI : Isn't it delightful when folks afar study Hanyu? [J]. Social Science Electronic Publishing，2012，21（1）：147-155.

[43] Linnemann H. An Econometric Study of International Trade Flows [M]. Amsterdam : Holland Publishing，1966.

[44] Lucas R E. On the mechani cs of economic development [J]. Journal of Monetary Economics，1988，22（1）：3-42.

[45] Makri M，Hitt M A，Lane P J. Complementary technologies，knowledge relatedness，and invention outcomes in high technology mergers and acquisitions [J]. Strategic Management

Journal，2010，31（6）：602.

[46] Meschi P X，Métais E. Do firms forget about their past acquisitions? evidence from french acquisitions in the united states（1998-2006）[J]. Journal of Management，2013，39（2）：469-495.

[47] Michales G，Zhi X. Freedom fries [J]. American Economic Journal：Applied Economics，2010，2（3）：256-281.

[48] Mishra A，Daly K. Effect of quality of institutions on outward foreign direct investment [J]. The Journal of International Trade Economic Development，2007，16（2）：231-244.

[49] Moeller S B，Schlingemann F P，René M Stulz. Firm size and the gains from acquisitions [J]. Journal of Financial Economics，2004，73（2）：201-228.

[50] Mueller D C. Patents，research and development，and the measurement of inventive activity [J]. The Journal of Industrial Economics，1966：26-37.

[51] Neto P，Brandão，António，Cerqueira A M. The macroeconomic determinants of cross-border mergers and acquisitions and greenfield investments [J]. Social Science Electronic Publishing（1-2），2009：21-57.

[52] Nicolas F. China' s direct investment in the european union：Challenges and policy responses [J]. China Economic Journal，2014，7（1）：103-125.

[53] Pollins B M. Does trade still follow the flag [J]. American Political Science Review，1989，83（02）：465-480.

[54] Poyhonen P. A tentative model for the volume of trade between countries [J]. Welltwirtschaftliches Archiv，1963，90：93-100.

[55] Ramasamy B，Yeung M，Laforet S. China' s outward foreign direct investment：location choice and firm ownership [J]. Journal of World Business，2012，47（1）：17-25.

[56] Rauch J E，Trindade V. Ethnic chinese networks in international trade [J]. Review of Economics and Statistics，2002，84（1）：116-130.

[57] Romer P M. Increasing returns and long-run growth [J]. Journal of Political Economy，1986，94（5）：1002-1052.

[58] Roso V，Lumsden K. A review of dry ports [J]. Maritime Economics Logistics，2010，12

（2）：196-213.

［59］ Roso V，Woxenius J，Lumsden K. The dry port concept：connecting container seaports with the hinterland［J］. Journal of Transport Geography，2009，17（5）：1-345.

［60］ Schmidt C W，Broll U. Real exchange rate uncertainty and us foreign direct investment，An Empirical Analysis［J］. Review of World Economics. 2009，145（3）：513-530.

［61］ Scott R E，X Jiang. Unilateral grant of market economy status to china would put millions of eu jobs at risk［EB/OL］.（2015，September 18），Retrieved April 3 from https：//www.epi.org/publication/eu-jobs-at-risk/.

［62］ Silva J S，Tenreyro S. The log of gravity［J］. The Review of Economics and Statistics，2006，88（4）：641-658.

［63］ Steigner T，Sutton N K. How does national culture impact internalization benefits in cross-border mergers and acquisitions?［J］. Financial Review，2011，46（1）：103-125.

［64］ Stiebale，Joel. Cross-border mas and innovative activity of acquiring and target firms［J］. Journal of International Economics，2016，99：1-15.

［65］ Stiebale J，Reize F. The impact of fdi through mergers and acquisitions on innovation in target firms［J］. International Journal of Industrial Organization，2011，29（2）：1-167.

［66］ Sung H，Lapan H E.Strategic foreign direct investment and exchange-rate Uncertainty［J］. International Economic Review，2000，41（2）：411-423.

［67］ Tadesse B，White R. Cultural distance as a determinant of bilateral trade flows：do immigrants counter the effect of cultural differences?［J］. Applied Economics Letters，2010，17（2）：147-152.

［68］ Takagi S. Exchange rate expectations，a survey of survey studies［Z］. IMF Staff Papers，1991（38）：156-183.

［69］ Tan H，Ai Q. China's outward mergers and acquisitions in the 21st century：motivations，progress and the role of the chinese government［J］. Advances in Mergers Acquisitions，2010，9（2）：25-50.

［70］ Tihanyi L，Russell G C J. The effect of cultural distance on entry mode choice，international diversification，and mne performance：a meta-analysis［J］. Journal of International Business

Studies，2005，36（3）：270-283.

[71] Tinbergen J. Shaping the World Economy：Suggestions for an International Economic Policy [M]. New York：The Twentieth Century Fund，1962.

[72] Uddin O，Boateng A. Explain the trends in uk cross – border and acquisitions：An analysis of macro - economic factors [J]. International Business Review，2011，20（5）：547-556.

[73] Valentini G. Measuring the effect of ma on patenting quantity and quality [J]. Strategic Management Journal，2012，33（3）：336-346.

[74] Vermeulen F，Barkema H. Learning through acquisitions [J]. The Academy of Management Journal，2001，44（3）：457-476.

[75] Very P，Lubatkin M，Veiga C J. Relative standing and the performance of recently acquired european firms [J]. Strategic Management Journal，1997，18（8）：593-614.

[76] Wan K M，Wong K F. Economic impact of political barriers to cross-border acquisitions：an empirical study of cnooc ' s unsuccessful takeover of unocal [J]. Journal of Corporate Finance，2009，15（4）：1-468.

[77] Woxenius J，Violets R，Kenth L. The dry port concept-connecting seaports with their hinterland by rail [J]. Dalian：ICLSP，2004：22-26.

[78] 清华大学数据科学研究院，中国社科院世界经济与政治研究所，汤森路透，清数研究. “一带一路”跨境并购研究报告 [R].（2017）.

[79] PwC. 2016 年中国企业并购市场回顾与 2017 年展望 [R].（2017）.

[80] 白明. 从钢铁产能过剩看市场经济地位的“最终解释权”[J]. 中国外资，2016（12）：46-47.

[81] 参考消息网. 外媒：欧盟修改反倾销规定中国钢材税率将提高 [EB/OL].（2016，12 月 14 日）[2017 年 4 月 29 日] .http，//www.cankaoxiaoxi.com/finance/20161214/1519315.shtml.

[82] 陈伟光，郭晴. 中国对“一带一路”沿线国家投资的潜力估计与区位选择 [J]. 宏观经济研究，2016（9）：148-161.

[83] 陈玉罡，蔡海彬，刘子健，程瑜. 外资并购促进了科技创新吗 [J]. 会计研究，2015（9）.

[84] 程惠芳，阮翔. 用引力模型分析中国对外直接投资的区位选择 [J]. 世界经济，2004（11）：23-30.

[85] 邓丹萱 . 交通基础设施的网络效应及溢出效应的实证研究［D］.（Doctoral dissertation，对外经济贸易大学）.

[86] 段斐然 . 中国企业对外直接投资的区位选择实证研究［D］.（Doctoral dissertation，北京邮电大学）.

[87] 方大春 . 成果分享与经济增长：基于 pvar 模型分析［J］. 当代经济管理，2015，37（7）：1-7.

[88] 方琳，宋大海 . 跨国并购 vs 核心技术——再论中国企业核心竞争力的培育模式［J］. 科学学与科学技术管理，2007（2）：136-141.

[89] 冯迪凡 . 中美欧博弈“市场经济地位”［N］.（2016，12 月 14 日）财经日报，A01 版 .

[90] 荀辰楠 . 基于引力模型的国际陆港与海港联动发展研究［D］.（Doctoral dissertation，长安大学）.（2011）.

[91] 光一 . 合建“无水港”：沿海港口争取腹地货源重要手段［J］. 中国水运，2007（12）：62-63.

[92] 郭烨，许陈生 . 双边高层会晤与中国在“一带一路”沿线国家的直接投资［ J］. 国际贸易问题，2016（2）：26-36.

[93] 胡鞍钢，刘生龙 . 交通运输、经济增长及溢出效应——基于中国省际数据空间经济计量的结果［J］. 中国工业经济，2009（5）：5-14.

[94] 胡兵，涂春丽 . 人民币汇率与中国对外直接投资——基于跨国面板数据的实证分析［J］. 当代经济研究，2012（11）：77-82.

[95] 贾镜渝，李文，郭斌 . 经验是如何影响中国企业跨国并购成败的——基于地理距离与政府角色的视角［J］. 国际贸易问题，2015（10）：87-97.

[96] 贾墨月 . 国际融投资实用教程［M］. 北京：中国金融出版社 .2009.

[97] 贾文华 . 欧盟的“中国市场经济地位”问题与中国的应对之策——基于 < 中国加入 WTO 议定书 >15 条之争的分析［J］. 外交评论，2017（5）：1-26.

[98] 贾晓朋，吕拉昌 . 中国文化贸易的影响因素分析——以核心文化产品出口为例［J］. 地理科学，2017（08）：22-27.

[99] 井百祥，刘平 . 基于微观经济与战略动因的跨国并购［J］. 国际贸易问题，2002（11）：40-43.

[100] 孔帆.给不给中国市场经济地位欧盟其实很纠结［J］.中国外资，2017（1）：38-39.

[101] 李梅.我国基础设施投资与经济增长的关系研究［J］.特区经济，2019（12）：294-295.

[102] 李平，徐登峰.我国企业跨国并购的影响因素与进入模式选择［J］.商业时代，2008（33）：39-41.

[103] 李一花，于富慧，亓艳萍.交通基础设施对经济增长的溢出效应分析——基于我国省际动态面板数据分析［J］.山东工商学院学报，2018，32（01）：32-46.

[104] 李元旭，姚明晖.中国对外直接投资的文化双因素影响分析［J］.国际商务研究，2014（5）.

[105] 李忠民，刘育红，张强."新丝绸之路"交通基础设施、空间溢出与经济增长——基于多维要素空间面板数据模型［J］.财经问题研究，2011（4）：116-121.

[106] 廖凡.外国投资法宜完善审查机构设计［N］.经济参考报，（2015，1月28日）6版.

[107] 廖运凤.中国企业海外并购案例分析［M］.北京：企业管理出版社，2007.

[108] 林雄斌，杨家文.中国交通运输投资及其经济溢出效应时空演化——1997-2013年省级面板的实证［J］.地理研究，2016，35（9）.

[109] 刘冉昕.国外陆港发展对沈阳国际陆港建设的启示.［J］物流科技，2017，40（02）：125-128.

[110] 刘晓雷.中国西北陆港建设对丝绸之路经济带区域贸易的影响研究［D］.（Doctoral dissertation，华东师范大学），2016.

[111] 刘颖.法国媒体报道中的西藏印象——以法国《世界报》为例［J］.中国藏学，2006（04）：67-73.

[112] 罗露.后危机时代国际投资新壁垒——以外资并购安全审查制度视角［D］.对外经贸，2013（05）：55-57.

[113] 马文聪，侯羽，朱桂龙.研发投入和人员激励对创新绩效的影响机制——基于新兴产业和传统产业的比较研究［J］.科学学与科学技术管理，2013（3）：58-68.

[114] 毛其淋，许家云.中国企业对外直接投资是否促进了企业创新［J］.世界经济，2014（8）：98-125.

[115] 门洪华，刘笑阳.中国伙伴关系战略评估与展望［J］.世界经济与政治，2015（02）：65-158.

[116] 苗莉青，陈聪 . 孔子学院对我国高等教育出口的影响——基于主要国家面板数据的实证研究［J］. 国际商务（对外经济贸易大学学报），2015（06）：27-35.

[117] 潘镇，金中坤 . 双边政治关系、东道国制度风险与中国对外直接投资［J］. 财贸经济，2015，36（6）：85-97.

[118] 漆海霞 . 中国与大国关系影响因素探析——基于对 1960-2009 年数据的统计分析［J］. 欧洲研究，2012（05）：2-78.

[119] 秦恨海 ." 我这次访问是绕了法国一圈 " 且听温总理自述原因［N/OL］，新华网 .（2009 年 2 月 3 日），http，//news.xinhuanet.com/politics/2009-02/03/content_10755210.htm.

[120] 邱立成，刘文军 . 人民币汇率水平的高低与波动对外国直接投资的影响［J］. 经济科学，2006（1），：74-84.

[121] 曲如晓，曾燕萍 . 文化多样性影响中国文化产品贸易的实证研究——基于面板 var 模型的分析［J］. 首都师范大学学报（社会科学版），2015（4）：57-65.

[122] 曲如晓，韩丽丽 . 中国文化商品贸易影响因素的实证研究［J］. 中国软科学，2010（11）.

[123] 人民网 . 欧盟涉华报告对中国经济说三道四 外交部回应：太虚伪［N/OL］.（2017，12 月 21 日 ）［2017 年 12 月 24 日 ］，http ：//world.people.com.cn/n1/2017/1221/c1002-29722084.html.

[124] 商务部综合司 .2015 年中国对外贸易发展情况［N/OL］，（2016 年 5 月 10 日）http，//zhs.mofcom.gov.cn/article/Nocategory/201605/20160501314688.shtml.

[125] 史本叶，张超磊 . 中国对东盟直接投资：区位选择、影响因素及投资效应［J］. 武汉大学学报，2015（3）：66-72.

[126] 宋国友 . 利益变化、角色转换和关系均衡——特朗普时期中美关系发展趋势［J］. 现代国际关系，2017（08）：31—36.

[127] 孙楚仁，张楠，刘雅莹 ．“一带一路”倡议与中国对沿线国家的贸易增长［J］. 社会科学文摘，2017.

[128] 孙霄翀，刘士余，宋逢明 . 汇率调整对外商直接投资的影响——基于理论和实证的研究［J］. 数量经济技术经济研究，2006，（8）：68-77.

[129] 孙阳 . 中国在世贸组织正式起诉美欧对华反倾销“替代国”做法［N/OL］. 人民

网 .（2016 年 12 月 12 日）[2017 年 4 月 9 日] http ：//finance.people.com.cn/n1/2016/1212/c1004-28943660.html.

[130] 谭再文 . 大国作用的侵蚀——对国际关系中大国逻辑的一种思考［J］. 国际观察，2004（04）：45-52.

[131] 田晖，蒋辰春 . 国家文化距离对中国对外贸易的影响——基于 31 个国家和地区贸易数据的引力模型分析［J］. 国际贸易问题，2012（3）：45-52.

[132] 田源，李伊松，易华 . 物流运作管理［M］. 北京：清华大学出版社，2007.

[133] 屠新泉，周金凯 . 美国国家安全审查制度对中国国有企业在美投资的影响及对策分析［J］. 清华大学学报（哲学社会科学版），2016（05）：74-83.

[134] 屠新泉，苏骁 . 中美关系与中国“市场经济地位”问题［J］. 美国研究，2016（3）：85-100.

[135] 王辰 . 基础产业融资论［M］. 北京：中国人民大学出版社，1998.

[136] 王凤山 . 全球供应链下义乌陆港与沿海港口联动发展分析［J］. 中外企业家，2011（24）.

[137] 王海军 . 政治风险与中国企业对外直接投资——基于东道国与母国两个维度的实证分析［J］. 财贸研究，2010，23（1）：110-116.

[138] 王辉耀，孙玉红，苗绿 . 中国企业全球化报告（2015）［M］. 北京：社会科学文献出版社，2015.

[139] 王培志，潘辛毅，张舒悦 . 制度因素、双边投资协定与中国对外直接投资区位选择——基于 " 一带一路 " 沿线国家面板数据［J］. 经济与管理评论，2018（1）：5-17.

[140] 王启洋，任荣明 . 投资壁垒的博弈分析及我国企业的应对策略研究［J］. 国际贸易问题，2013（03）：88-94.

[141] 王诗翔，魏江，路瑶 . 跨国技术并购中吸收能力与技术绩效关系研究——基于演化博弈论［J］. 科学学研究，2014，32（12）.

[142] 王宛秋，马红君 . 技术并购主体特征、研发投入与并购创新绩效［J］. 科学学研究，2016，34（8）：1203-1210.

[143] 王学锋 . 国际物流运输［M］. 北京：化学工业出版社，2014.

[144] 王逸舟 . 中国外交影响因子探析［J］. 世界经济与政治，2009（09）：6-17.

[145] 王颖珠 . 关于跨国并购影响因素的研究综述 [J] . 现代商业，2010（11）：173-174.

[146] 王永中，李曦晨 . 中国对“一带一路”沿线国家直接投资的特征分析 [J] . 国际税收，2017（5）：10-18.

[147] 王自锋 . 汇率水平与波动程度对外国直接投资的影响研究 [J] . 经济学（季刊），2009，8（4）：1497-1526.

[148] 危平，唐慧泉 . 跨国并购的财富效应及其影响因素研究——基于双重差分方法的分析 [J] . 国际贸易问题，2016（11）：120-131.

[149] 韦军亮，陈漓高 . 政治风险对中国对外直接投资的影响——基于动态面板模型的实证研究 [J] . 经济评论，2009（4）：106-113.

[150] 吴静芳，陈俊颖 . 影响我国企业跨国并购因素的实证分析——基于 2000—2005 年上市公司并购案例 [J] . 上海经济研究，2008（4）：33-40.

[151] 吴添祖，陈利华 . 跨国并购获取核心技术——中国企业核心竞争力的培育模式 [J] . 科学学与科学技术管理，2006，27（4）.

[152] 吴先明，胡博文 . 对外直接投资与后发企业技术追赶 [J] . 科学学研究，2017（10）：108-118.

[153] 吴先明 . 我国企业知识寻求型海外并购与创新绩效 [J] . 管理工程学报，2016，30（3）：54-62.

[154] 吴湘宁 . 中国市场经济地位：欧盟“烫手山芋”？[N/OL] . 财新网 .（2016，2 月 23 日）[2017 年 4 月 29 日] http：//opinion.caixin.com/2016-02-23/100911531.html.

[155] 席平，严国荣，曹鸿 . 建立中国西部国际港口——“西安陆港”的设想 [J] . 唐都学刊，2001，17（4）：12-14.

[156] 席平 . 国际陆港基础概念与运作 [J] . 中国储运，2007（1）：71-72.

[157] 席平 . 内陆地区建设国际陆港的思考 [J] . 综合运输，2007（2）：39-41.

[158] 冼国明，明秀南 . 海外并购与企业创新 [J] . 金融研究，2008（08）：159-175.

[159] 项义军，崔濛骁 . 影响中国对外直接投资行为因素的实证分析 [J] . 经济研究导刊，2005（14）：147-149.

[160] 协天紫光，张亚斌，赵景峰 . 政治风险、投资者保护与中国 ofdi 选择——基于“一带一路”沿线国家数据的实证研究 [J] . 经济问题探索，2017（07）：108-120.

[161] 谢法浩．“国际政治壁垒”——华为并购美企失败探析［J］．中国外资，2011（10）：149-150.

[162] 谢洪明，张倩倩，邵乐乐，吴华飞．跨国并购的效应：研究述评及展望［J］．外国经济与管理，2016（8）：59-80.

[163] 谢建国，谭利利．区域贸易协定对成员国的贸易影响研究——以中国为例［J］．国际贸易问题，2014（12）：57-67.

[164] 谢益显．外交定义探讨［J］．外交学院学报，1992（01）：17-23.

[165] 忻华．“中国市场经济地位”：欧盟棋局未见分晓［J］．产经论坛，2016（9）：81-82.

[166] 许和连，郑川．文化差异对我国核心文化产品贸易的影响研究——基于扩展后的引力模型分析［J］．国际商务：对外经济贸易大学学报，2014（4）：32-43.

[167] 薛永武．关于文化与文化产业研究的几个理论问题［J］．中国海洋大学学报（社会科学版），2008（3），23-28.

[168] 严剑峰，赵晓雷．美国外国投资安全审查制度及其对上海自贸试验区的启示［J］．科学发展，2015（02）：84-92.

[169] 阎大颖．制度距离、国际经验与中国企业海外并购的成败问题研究［J］．南开经济研究，2011（5）：75-97.

[170] 阎学通，周方银．国家双边关系的定量衡量［J］．中国社会科学，2004（06）：90-206.

[171] 杨长湧．美国外国投资国家安全审查制度的启示及我国的应对策略［J］．宏观经济研究，2014（12）：30-41.

[172] 姚铃．欧盟应诚实履行《中国入世议定书》15条义务［N］．经济日报，2017，004版．

[173] 叶龙．构建内陆“无水港”［J］．中国水运，2005（4）：54-55.

[174] 叶勤．跨国并购影响因素的理论解释与述评［J］．外国经济与管理，2003，25（1）：26-31.

[175] 于嘉．文化产业、创意产业与文化创意产业概念辨析［J］．全国商情（经济理论研究），2009（15）：21-22.

[176] 约翰·米尔斯海默．大国政治的悲剧［M］．王义桅，唐小松，译．上海：上海人民出版社，2003.

[177] 张登健，唐秋生．内陆无水港发展模式与对策研究［J］．物流工程与管理，2013（10）：

41-43.

[178] 张建红，周朝鸿. 中国企业走出去的制度障碍研究——以海外收购为例［J］. 经济研究，2010（6）：80-91.

[179] 张建红，卫新江，海柯·艾伯斯. 决定中国企业海外收购成败的因素分析［J］. 管理世界，2010（3）：97-107.

[180] 张学良. 中国交通基础设施促进了区域经济增长吗——兼论交通基础设施的空间溢出效应［J］. 中国社会科学，2010（3）：60-77.

[181] 张亚斌，马莉莉. 丝绸之路经济带：贸易关系、影响因素与发展潜力——基于 cms 模型与拓展引力模型的实证分析［J］. 国际经贸探索，2005，31（12）：72-85.

[182] 张昱，唐志芳. 贸易引力模型：来自中国的实证与启示［J］. 经济经纬，2006（4）：44-47.

[183] 张运婷，王皓，史龙祥. 欧美承认中国市场经济地位问题及中国的对策［J］. 国际商务研究，2016（6）：89-94.

[184] 张兆民. 我国无水港形成及发展动力机理分析［J］. 综合运输，2010（1）：48-51.

[185] 赵春明，吕洋. 中国对东盟直接投资影响因素的实证分析［J］. 亚太经济，2011（1）：111-116.

[186] 周城雄，赵兰香，李美桂. 中国企业创新与并购关系的实证分析——基于 34 个行业 2436 个上市公司的实证分析［J］. 科学学研究，2016，34（10）：1569-1575.

[187] 周华，汪何媛，贾秀秀. 欧盟否认中国市场经济地位对中国及世界经济影响的剖析［J］. 数量经济技术经济研究，2017（07）：3-18.

[188] 朱汉祺. 中国民营企业海外并购的公共外交视角分析——以华为为例［J］. 公共外交季刊，2016（03）：25—31.

[189] 朱长征. 国际陆港形成动因分析［J］. 物流工程与管理，2009，31（12）：39-40.

[190] 朱长征. 国际陆港作用机理与布局规划理论研究［D］.（Doctoral dissertation，长安大学），2001.

[191] 朱长征. 国际陆港发展现状及对区域经济的影响研究［J］. 价值工程，2011，30（22）：1-2.